W. F. Veltman

# Reinkarnation

## Moderne Rückführungspraktiken und anthroposophische Karmaforschung

*Aus dem Niederländischen von*
*Agnes Dom-Lauwers*

Urachhaus

Titel der niederländischen Originalausgabe:
*Reïncarnatie en regressie. Over de werking van het karma*

Die Deutsche Bibliothek – CIP-Einheitsaufnahme

Veltman, Willem F.:
Reinkarnation: moderne Rückführungspraktiken und anthroposophische
Karmaforschung / W. F. Veltman.
Aus dem Niederländischen von Agnes Dom-Lauwers
– Stuttgart: Urachhaus, 1996
Einheitssacht.: Reïncarnatie en regressie <dt.>

ISBN 3-8251-7096-9

Umschlag: Walter Schneider unter Verwendung eines Gemäldes von
Paul Weißhuhn, Buschenburg 60, 42389 Wuppertal
Druck: WB-Druck, Rieden

# Inhaltsverzeichnis

# Vorwort

Etwa vor zwanzig Jahren entschloß ich mich, die Lehre von Reinkarnation und Karma, die Rudolf Steiner[1] in seinen anthroposophischen Büchern und Vorträgen entwickelt hat, in einer kleinen Schrift[2] zusammenzufassen. Ich wollte dieses schwierige Thema einem allgemein interessierten Publikum in möglichst übersichtlicher Weise näherbringen, denn ich war und bin der Überzeugung, daß diese Lehre für die nähere und fernere Zukunft von großer Bedeutung sein wird.

Auf andere Möglichkeiten als die, welche Steiners Geisteswissenschaft bietet, um die Wirklichkeit von Reinkarnation und Karma zu erfahren, wurde in jener Arbeit nicht eingegangen. Im Laufe der letzten zwanzig Jahre ist die Reinkarnationsanschauung vielleicht noch nicht Allgemeingut der westlichen Kultur geworden, sie ist aber inzwischen doch so verbreitet und salonfähig, daß sie kaum noch einer Rechtfertigung bedarf. Über den Begriff »Karma«, der im Grunde ebenso akzeptiert ist, kursieren freilich die unterschiedlichsten Auffassungen.

Mit dem vorliegenden, völlig neu konzipierten Buch über Karma und Reinkarnation möchte ich mich sowohl an Leser wenden, die beide Begriffe nicht kennen oder mit diesen Begriffen ihre Schwierigkeiten haben, als auch an diejenigen, die bereits Erfahrungen auf diesem Gebiet gemacht haben, sei es in Form von spontanen Erinnerungen oder als Ergebnis irgendeiner Therapie.

Durch die Arbeit von Psychiatern und Therapeuten sind in den letzten Jahrzehnten aufsehenerregende Dinge in bezug auf vorige Leben ans Licht gekommen. Vergleicht man die in dieser umfang-

7

reichen Literatur geschilderten Fallbeispiele mit Steiners Anschauungen über Karma, dann drängen sich Fragen auf. Sie betreffen nicht so sehr die Authentizität der Rückführungserlebnisse[3] als vielmehr ihre Deutung. Immer wieder wird man in diesem Zusammenhang mit folgenden radikalen und einander entgegengesetzten Standpunkten konfrontiert:

1. Alles, was Rudolf Steiner über Reinkarnation und Karma sagt, ist wahr; diesbezügliche Aussagen, die nicht mit seiner Lehre übereinstimmen, haben keinerlei Wahrheitsgehalt.
2. Alle, durch Regressionsmethoden oder spontane Erinnerungen gewonnene Erfahrungen, die auf die Existenz von Vorleben hindeuten, sind wahr. Mitteilungen Rudolf Steiners, die damit nicht übereinstimmen, sind theoretische Abstraktionen und haben nichts mit der Wirklichkeit zu tun.

Mit keiner von beiden Behauptungen kann man etwas anfangen. Die vorliegende Arbeit wird hier andere Ansätze suchen müssen. Nach einer allgemeinen Einführung, in der ein kurzer historischer Überblick über die Reinkarnations- und Karmalehre gegeben wird, werde ich die Ansichten Rudolf Steiners mit den Ergebnissen moderner Regressionspraktiken vergleichen. Berührungspunkte, aber auch tiefliegende Unterschiede werden dabei ans Licht kommen.

Die außerordentliche Bedeutung von Steiners Beitrag zum Thema liegt darin, daß er wissenschaftliches Denken und durch Hellsichtigkeit gewonnene Ergebnisse miteinander verbindet. Die sich daraus ergebenden Erkenntnisse möchte ich einer breiteren Öffentlichkeit zugänglich machen.

Eine Frage, die oft im Zusammenhang mit Steiners Karmaforschung gestellt wird, bezieht sich auf die Arbeit seiner Schüler: Haben sie seine Ideen weiterentwickelt und auch eigene übersinnliche Forschungen betrieben? – Außer von Walter Johannes Stein, weiß ich von keinem anderen, der dieses hohe Ziel erreicht hätte. Wie kann man das erklären? Wahrscheinlich liegt der Grund dafür in dem besonders schwierigen Schulungsweg, der geduldig begangen werden muß, um zu eigenen Karma-Erfahrungen und zur Rückkehr in vorige Leben zu gelangen. In Kapitel 11 werde ich darauf zurückkommen.

Im heutigen Geistesleben hört man nun immer häufiger von Menschen mit inneren Erfahrungen, von denen vor 20 bis 30 Jahren noch nirgends die Rede war – wahrscheinlich weil sie damals noch nicht oder nur selten vorkamen. Das heißt aber nicht, daß von nun an die geistigen Welten problemlos zugänglich wären und eine Einweihungswissenschaft[4] nicht mehr länger nötig ist, um dergleichen innere Erfahrungen zu erklären und um zu erkennen, inwieweit es sich dabei um eine wirklich geistige oder nur um eine illusionäre Wirklichkeit handelt. Die Einweihungswissenschaft Rudolf Steiners darf jedoch nicht angewandt werden, um ein autoritäres Urteil zu fällen, vor allem nicht über Erscheinungen, die zu Steiners Lebzeiten noch nicht in seinen Gesichtskreis getreten waren. Man kann nur versuchen, die neuen Gegebenheiten unbefangen an den geisteswissenschaftlichen Einsichten und Erfahrungen Steiners zu prüfen. Dies habe ich mir im vorliegenden Buch zur Aufgabe gemacht.

# Historischer Überblick

Der Glaube an, oder besser gesagt, das innere Wissen um die Wiederverkörperung ist so alt wie die Menschheit selbst. Man trifft es nicht nur bei den hochentwickelten Kulturen in Asien an, sondern auch bei nahezu allen Rassen und Völkern der fünf Kontinente: Bei den Eingeborenen in Afrika und den Lappländern in Finnland ist Reinkarnation genauso bekannt wie bei den Indianern in Nord- und Südamerika. Bei den Aborigines in Australien ist ein Reinkarnationswissen ebenso zu finden wie in der westeuropäischen Kultur bei Pythagoras[5] und Goethe[6]. Der Wiederverkörperungsvorgang selbst wird natürlich sehr verschieden aufgefaßt. Der Glaube an die Seelenwanderung – gemeint ist die Verkörperung sowohl in Tiere als auch in Menschen – ist weitverbreitet. Die einen sind davon überzeugt, daß nur sündige Menschen auf die Erde zurückkehren müssen, andere wiederum meinen, daß gerade hohe, führende Individualitäten sich häufig verkörpern.

Auch über die Länge der Pause zwischen zwei Inkarnationen gehen die Meinungen weit auseinander. In manchen Kulturen spricht man von einem extrem langen (tausend oder mehrere tausend Jahre), in anderen wiederum von einem sehr kleinen Abstand. Und zwischen den Extremen gibt es alle denkbaren Varianten.

Auf die Tatsache der Wiederverkörperung können sich große Teile der Weltbevölkerung einigen. Doch gibt es keine einheitliche Auffassung über den Zusammenhang zwischen den aufeinanderfolgenden Verkörperungen, dessen Gesetzmäßigkeit man »Karma« nennt. Vor allem aber drängt sich die Frage auf, warum in Europa

11

jahrhundertelang das Reinkarnationsthema mit einem Tabu belegt war und warum in der sogenannten westlichen Kultur Millionen (vor allem kirchlich orientierte) Menschen diesen Gedanken entweder nicht kennen oder ihn radikal ablehnen. Obwohl in unserer Zeit dieses Tabu längst durchbrochen wurde und überhaupt deutlich schwindet – in den Niederlanden gibt es sogar einen Jesuiten[7], der Reinkarnation völlig akzeptiert –, ist es doch wichtig, dem Grund dieser Tabuisierung nachzugehen.

In der christlichen Vergangenheit ging man allgemein davon aus, daß der Reinkarnationsbegriff nicht mit dem Christentum in Übereinstimmung zu bringen ist: Er stehe im Widerspruch mit der christlichen Lehre der Erlösung und der Gnade Gottes. Man sah zwar, daß er als typisch ›östliches‹ Element in den christlich-gnostischen Sekten[8] immer wieder aufgetaucht war, hielt ihn aber für unvereinbar mit der tieferen Natur der europäischen Kultur.

Doch die historische Wirklichkeit sah anders aus. Zur Zeit der Geburt Christi war der Reinkarnationsgedanke im damaligen römischen Reich zwar keine allgemein anerkannte, bewußt empfundene Lehre, sie war aber keineswegs unbekannt. Einige Passagen aus den Evangelien – der Hinweis auf Johannes den Täufer als wiedergeborener Prophet Elias[9] ist die auffallendste – deuten auf eine gewisse Vertrautheit mit diesem Gedankengut auch im Urchristentum hin.

Besonders deutlich tritt der Reinkarnationsgedanke bei dem griechischen Philosophen Platon[10] hervor. Seine Erkenntnistheorie beruht auf dem Wissen um die Präexistenz[11] der menschlichen Seele vor der Geburt beziehungsweise vor der Konzeption. Nach Platon vermag der Mensch sich an das zu erinnern, was er in einem nicht-körperlichen Dasein jenseits seiner Geburt als Urbilder oder Ideen von allem Bestehenden wahrgenommen hat. Dieses Erinnern ist ein Erkennen. Wenn die Seele sich verkörpert, bringt sie den Inhalt der kosmischen Welt mit, nur hat sie ihn vergessen, wenn sie in die Finsternis des stofflichen Leibes eintaucht. Doch sie kann, wenn sie die nötige Hilfe bekommt, Erkenntnis, das heißt Erinnerungen an die Ideenwelt erwerben.

Wenn Platon über Wiederverkörperung spricht, muß man annehmen, daß er von der Reinkarnation des menschlichen Individuums ausgeht. Er teilt also die buddhistische Auffassung nicht, die besagt, daß in der irdischen Verkörperung zwar die Wirkung einer Persönlichkeit weiterlebt, daß aber die Individualität dabei nicht als ›Selbst‹ zum Ausdruck kommt.

Platons Schüler und jüngerer Freund Aristoteles[12] übernimmt den Lehrsatz der Präexistenz nicht von seinem Meister. Er spricht zwar über die »Entelechie« als das individuelle Wesen des Menschen, das nach dem Tod fortbesteht, aber nicht über eine selbständige Existenz des menschlichen Geistes vor der Konzeption. Man kann sich fragen, warum der Begründer der Logik einen so unlogischen Gedankengang in seine Weltanschauung aufgenommen hat. Wenn die Entelechie etwas Unsterbliches ist, muß sie logischerweise vor ihrem irdischen Dasein bereits existiert haben. Da Aristoteles die Idee der Präexistenz ignoriert, schließt er jegliche Reinkarnationsanschauung aus, denn Wiederverkörperung schließt notwendig die Wirklichkeit eines vorgeburtlichen Daseins ein.

Man kann den Eindruck gewinnen, Aristoteles habe absichtlich das ›Reinkarnationstor‹ geschlossen. Vielleicht erkannte sein vorausschauender Blick für die kommenden zweitausend Jahre die Notwendigkeit einer Weltanschauung ohne Reinkarnationsgedanken. Es ist nicht ausgeschlossen, daß er im Auftrag der griechischen Mysterien[13] gehandelt hat; beweisen läßt sich das allerdings nicht.

Auf jeden Fall hat die christliche Theologie die Ansichten des Aristoteles, der als unantastbare Autorität galt, dankbar für ihre Zwecke genutzt. So entstand der Glaube, daß die Seele des Menschen erst bei seiner Geburt von Gott erschaffen wird. Nach dem Tod lebt sie weiter, erst eine bestimmte Zeit im Fegefeuer, dann im Himmel oder in der Hölle, wovon keine Rückkehr möglich ist. Eine poetische Darstellung dieses aristotelisch-christlichen Menschenbildes gibt Dante[14] in seiner *Divina Commedia* (Purgatorio, Canto XXV).

In dieser Dichtung kommt allerdings merkwürdigerweise ein Musterbeispiel der Reinkarnation[15] vor, nämlich in dem Schicksal des römischen Kaisers Trajanus[16]. Papst Gregorius I[17] bittet Gott, er möge dieser heidnischen Seele, die so rechtschaffen ist, daß sie den Himmel verdient, erlauben, auf die Erde zurückzukehren, um als Christ leben und sterben zu können. Seine Bitte wird erhört, und die Wiederverkörperung findet statt. Die gerechte christliche Seele kann nun gen Himmel aufsteigen, wo Dante ihr begegnet. Diese Begegnung führt bei Dante aber nicht – wie man erwarten könnte – zu der Einsicht, daß die Wiederverkörperung Ausdruck der höchsten Gerechtigkeit ist und dieser Gedanke für alle Menschen gelten könnte. Dante erzählt die Geschichte des Trajanus lediglich, um die sogar für Gott unwiderstehliche Kraft des Gebetes hervorzuheben.

An diesem Beispiel kann man sehen, daß die Wirklichkeit der Reinkarnation und des Karma aus dem christlichen Europa so weitgehend verschwunden war, daß einer seiner spirituellsten Söhne diese Wirklichkeit nicht erkannte, nicht einmal als er damit unmittelbar konfrontiert wurde.

Die Wissenschaft der Neuzeit, die, von Francis Bacon[18] angeführt, Aristoteles stark in Verruf brachte, und seine unermeßlichen Verdienste für die Menschheitsentwicklung leugnete, hielt das ›Reinkarnationstor‹ genauso vehement verschlossen wie die kirchliche Theologie.

Das eigentliche Tabu war die Präexistenz. Reinkarnation hängt aber damit unauflösbar zusammen. Die neu aufkommende Wissenschaft ging noch einen Schritt weiter: Sie verwarf nämlich auch die göttliche Schöpfungstat und ersetzte sie durch die biologische Erblichkeit: Jede Seele, insofern überhaupt noch von »Seele« als Entität, als etwas Wesenhaftes gesprochen wird, besteht aus einer Kombination von Eigenschaften der Vorfahren. Diese werden nach der Geburt noch durch die Einflüsse der äußeren Verhältnisse ergänzt. In Hippolyte Taines[19] Begriffskomplex »race, milieu et moment« (auf deutsch: »Rasse, Milieu und historische Lage«), wurde die Präexistenz als geistiges Dasein vor der Geburt durch eine Art vorgeburtliche Existenz in der stofflichen Erbfolge der Familie, des Volkes und der Rasse ersetzt. Mit diesem für das 19. Jahrhundert typisch materialistischen Gedankengang erreichte die Ablehnung der Reinkarnationslehre in gewissem Sinne ihren Höhepunkt. Zugleich wurden aber in Europa anderswo Keime gelegt, aus denen sich später eine neue Reinkarnationslehre entwickeln sollte.

Auch die arabisch-islamitische Philosophie und Wissenschaft, die einen entscheidenden Einfluß auf das europäische Denken ausgeübt haben, enthalten keinerlei Spur des Reinkarnationsgedankens. Der arabische Sufismus[20], der hingegen diesen Gedanken durchaus kannte, drang wiederum kaum bis in den Westen vor. Und auch die interessante Strömung des jüdischen Chassidismus[21] (18. Jahrhundert), die ihre Wurzeln in der Kabbala[22] hat, schließt zwar den Reinkarnationsgedanken mit ein, hatte aber in Europa keinen wesentlichen Einfluß auf die allgemeine Kultur.

In einem Zeitraum von gut zweitausend Jahren, von Aristoteles bis heute, kann aber das Reinkarnationswissen doch nicht völlig aus der europäischen Kultur verschwinden. Und tatsächlich war der Reinkarnationsglaube im frühen Mittelalter bei den christlichen Ketzern in der Languedoc und den angrenzenden Gebieten präsent. Die Anhänger, Albigenser und Katharer[23] genannt, wurden auf Anweisung der römisch-katholischen Kirche auf grausamste Weise verfolgt und ausgerottet. Die finsteren Gerichtsverfahren der Inquisition[24] haben ihren Auftrag sehr gründlich wahrgenommen: Das Katharertum verschwand aus der europäischen Kultur, und keine Spur seines Reinkarnationsglaubens blieb zurück. So ist es nicht verwunderlich, daß in der Gegenwart einige der ergreifendsten Erinnerungsbilder an frühere Leben unmittelbar mit Ketzerseelen aus dem 13. Jahrhundert zu tun haben.

Ob der Reinkarnationsgedanke auch bei den Tempelrittern[25] lebte, ist schwer nachzuweisen. Vielleicht kannten ihn die Eingeweihten unter den Ordensmitgliedern.

Mit der Blüte des Platonismus im ausgehenden 15. Jahrhundert im mächtigen Florenz der Medici[26] kam die Reinkarnationsidee bei einer Anzahl Philosophen, Mystiker und Alchimisten erneut zum Vorschein. Diese Erscheinung beschränkte sich allerdings auf einzelne Personen. Sie waren wohl kaum durch persönliche Empfindung oder aus einer Erinnerung oder Regressionserfahrung heraus zu dem Gedanken der Wiederverkörperung gekommen. Dieses Thema tauchte aber in ihrer philosophischen Weltanschauung auf. Das war auch der Fall bei Gotthold Ephraim Lessing[27] (18. Jahrhundert), der in seiner *Erziehung des Menschengeschlechts* den Reinkarnationsgedanken als vernünftigen Endpunkt seiner historischen Betrachtung mit wirklich erstaunlicher Einfachheit und Unmittelbarkeit präsentiert. Lessing beschreibt die historische Entwicklung der Menschheit als eine Aufeinanderfolge von ›Offenbarungsphasen‹, in denen der Mensch sich schrittweise aus der Verbundenheit mit der göttlichen Führung löst, um letztendlich als ein freies Wesen der Offenbarung der eigenen Vernunft zu folgen, und dann sagt er:

### § 92

[…] wenn es nun gar so gut ausgemacht wäre, daß das große langsame Rad, welches das Geschlecht seiner Vollkommenheit näherbringt, nur durch kleinere schnellere Räder in Bewegung gesetzt würde, deren jedes sein Einzelnes eben dahin liefert?

### § 93

Nicht anders! Eben die Bahn, auf welcher das Geschlecht zu seiner Vollkommenheit gelangt, muß jeder einzelne Mensch (der früher, der später) erst durchlaufen haben. – »In einem und ebendemselben Leben durchlaufen haben? Kann er in ebendemselben Leben ein sinnlicher Jude und ein geistiger Christ gewesen sein? Kann er in ebendemselben Leben beide überholet haben?«

### § 94

Das wohl nicht! – Aber warum könnte jeder einzelne Mensch auch nicht mehr als einmal auf dieser Welt vorhanden gewesen sein?

### § 95

Ist diese Hypothese darum so lächerlich, weil sie die älteste ist? weil der menschliche Verstand, ehe ihn die Sophisterei der Schule zerstreut und geschwächt hatte, sogleich darauf verfiel?

## § 96

Warum könnte auch *ich* nicht hier bereits einmal alle die Schritte zu meiner Vervollkommnung getan haben, welche bloß zeitliche Strafen und Belohnungen den Menschen bringen können?

## § 97

Und warum nicht ein andermal alle die, welche zu tun, uns die Aussichten in ewige Belohnungen so mächtig helfen?

## § 98

Warum sollte ich nicht so oft wiederkommen, als ich neue Kenntnisse, neue Fertigkeiten zu erlangen geschickt bin? Bringe ich auf *einmal* soviel weg, daß es der Mühe wiederzukommen etwa nicht lohnet?

## § 99

Darum nicht? – Oder, weil ich es vergesse, daß ich schon dagewesen? Wohl mir, daß ich das vergesse. Die Erinnerung meiner vorigen Zustände würde mir nur einen schlechten Gebrauch des gegenwärtigen zu machen erlauben. Und was ich auf itzt vergessen *muß*, habe ich denn das auf ewig vergessen?

## § 100

Oder weil so zuviel Zeit für mich verloren gehen würde? – Verloren? – Und was habe ich denn zu versäumen? Ist nicht die ganze Ewigkeit mein?

Daß die Veröffentlichung der *Erziehung des Menschengeschlechts* (1780), kurz vor Lessings Tod, das Gerücht auslöste, der arme Lessing sei senil geworden, zeigt uns deutlich, wie stark dieses Thema damals noch immer ein Tabu war. Dennoch gab es am Ende des 18. und Anfang des 19. Jahrhunderts eine Anzahl erleuchteter Geister des deutschen Idealismus, aber auch verschiedene Zeitgenossen in anderen Ländern, wie z.B. den Dichter-Graphiker William Blake[28], die von der Wirklichkeit der Reinkarnation überzeugt waren. Gewöhnlich wird in diesem Zusammenhang an erster Stelle Goethe genannt, doch war er sicher nicht der einzige, der diese Überzeugung in sich trug, ohne sie laut zu verkünden. Mitteleuropa nahm aber die Zukunftskeime der Goethezeit nicht auf. Die goetheanistische Naturwissenschaft[29] wurde, genauso wie der damit zusammenhängende Reinkarnationsgedanke (Metamorphose als Hauptgesetzmäßigkeit des organischen und psychischen Lebens, siehe Kapitel 9), im 19. Jahrhundert nahezu vollkommen negiert. In ganz Europa kam auf wissenschaftlichem Gebiet der Materialismus auf. Da aber wurde der Reinkarnationsgedanke aus dem asiatischen Osten ›importiert‹. Und so kam es, daß er als nicht-westlich, nicht-christlich und nicht-wissenschaftlich gebrandmarkt werden konnte.

Die Theosophie Helena Petrowna Blavatskys[30] mit ihren mächtigen, aber häufig auch verworrenen Offenbarungen führt den Reinkarnations- und Karmagedanken als Bestandteil einer umfangreichen, später größtenteils auf altindische Weisheit gegründeten Weltanschauung ein. Ich werde hier nicht weiter darauf eingehen, weil dies für die weitere Betrachtung unseres Themas irrelevant ist. Bei Blavatsky kann auch kaum von einer klaren Karmalehre die Rede sein. Verhältnismäßig systematisch werden die Ansichten über Karma in der anglo-indischen theosophischen Bewegung noch von Charles Leadbeater[31] vertreten.

Für unsere Thematik ist es wichtig, auf die Inspirationsquelle dieser Bewegung hinzuschauen. Helena Petrowna Blavatsky besaß eine außergewöhnliche mediale Begabung[32], durch die sie imstande war, unmittelbare Offenbarungen aus der geistigen Welt zu empfangen. Alles, was innerhalb der theosophischen Bewegung als Weisheit verkündet wurde, wurde auf medialem Weg erlangt; das gilt auch für andere Autoren dieser Richtung. Offenbarungen kommen dabei dadurch zustande, daß beim Medium das Tagesbewußtsein, also auch das Ich-Bewußtsein abgedämpft wird. Während dieses Bewußtseinszustandes können direkte oder indirekte Beeinflussungen stattfinden, die nicht einmal vom Auftraggeber und sicher nicht vom Medium selbst bemerkt werden. Deswegen können neben tiefen Wahrheiten auch Irrtümer und absichtliche

Verdrehungen auftreten. Nicht das Medium kann hier etwas absichtlich verdrehen, sondern der ›Wissende‹, der über die Macht und die Fähigkeit verfügt, während solcher Bewußtseinstrübungen Menschen zu beeinflussen.

Ähnliches kann auch bei Hypnose[33] auftreten, deshalb müssen die durch Hypnose erworbenen Erkenntnisse mit größter Sorgfalt geprüft werden.

Auf eine ganz eigene Weise bringt Richard Wagner[34] den Reinkarnations- und Karmagedanken in seiner letzten großen Schöpfung *Parsifal*[35] zum Ausdruck. Er war dieser Anschauung während seines Studiums des Buddhismus begegnet, zu dem er seinerseits durch das Werk Arthur Schopenhauers[36] angeregt worden war. Die Verarbeitung dieses Stoffes in seinem Musikdrama ist höchst originell und weicht deutlich von der ursprünglichen Lehre Buddhas ab. Wir erkennen in dieser Oper in der Kundry-Figur[37] einen weiblichen Ahasverus[38], von dem die Sage erzählt, daß er den leidenden Heiland verspottet hat und seitdem keine Ruhe findet und ewig auf der Erde herumwandern muß. Man könnte das auch so auffassen, daß sich diese Individualität so lange inkarnieren muß, bis sie aus ihrer ›karmischen Verdammung‹ erlöst wird. Kundry ist in der Macht des bösen Zauberers Klingsor[39]; sie war in ihrem vorigen Leben Königin Herodias[40] und hatte beim Anblick des kreuztragenden Jesus gelacht. Klingsor hofft durch Kundrys dämonische Verführungskunst, die sie als ›karmische Last‹ mit sich trägt, den reinen Tor Parsifal in seine Macht zu bekommen. Nun wird das Reinkarnationsmotiv auf eine dramatisch äußerst wirksame Weise mit dem Erlösungsmotiv verbunden, nämlich dadurch, daß die Verführerin in dem Moment, in dem sie einen brennenden Kuß auf Parsifals Lippen drückt und er sie von sich stößt, sozusagen durch ihn hindurch den sündenlosen Erlöser erkennt, den sie seinerzeit abgewiesen hatte. Zu gleicher Zeit ruft dieser Kuß in Parsifal das Bild des leidenden Amfortas[41] hervor, der sich nach Erlösung sehnt.

Das Reinkarnations- und Karmamotiv in Wagners *Parsifal* birgt wichtige Aspekte in sich, die für eine zukünftige Karmalehre von Bedeutung sein können.

Im 19. Jahrhundert bereitete Rudolf Steiner eine neue Geisteswissenschaft vor, in der Reinkarnations- und Karmagedanken im
Mittelpunkt stehen. Obwohl er dieser spirituellen Wissenschaft
(Anthroposophie) zunächst im Strom der theosophischen Bewegung einen Platz gab, unterschied sich seine Erkenntnismethode
prinzipiell von der medialen Annäherungsweise der Theosophen.
Bei ihm steht am Anfang nun gerade keine Bewußtseinsminde-
rung, sondern im Gegenteil ein durch Meditation[42] und psychi-
sches Training gesteigertes Tagesbewußtsein. Rudolf Steiner drang
selbst sehr tief in höhere Bewußtseinsgebiete ein und stellte umfangreiche geistige Forschungen an, deren Ergebnisse in einer großen Anzahl Bücher und in Aufzeichnungen von Vorträgen[43] ihren
Niederschlag fanden. Die Anthroposophie will kein Ersatz, sie will
vielmehr eine Erweiterung der Naturwissenschaft sein. In diesem
Zusammenhang ist es bezeichnend, daß Steiner den Reinkarnationsgedanken als eine klare Konsequenz der naturwissenschaftli-
chen Evolutionslehre (Darwin[44], Haeckel[45]) behandelte.

In den nachfolgenden Kapiteln wird von Steiners Karmalehre
ausführlich die Rede sein.

Schließlich möchte ich noch darauf hinweisen, daß die ersten Ansätze der heutigen Rückführungserfahrungen und -ansichten bereits im 19. Jahrhundert zu finden sind. Zunächst wurde alles, was
sich darauf bezog, ›paranormalen Erscheinungen‹ zugeordnet. Die
Quellen waren in den meisten Fällen, wie bei der theosophischen
Weisheit, Offenbarungen Verstorbener und nicht-inkarnierter Seelen, die von medialen Seelen vermittelt wurden. Der Reinkarnationsglaube wurde dem Spiritismus[46] zugeordnet. Die sehr umfangreiche Literatur über dieses Thema nahm ihren Anfang 1857 mit
Allan Kardecs[47] Buch *Le livre des esprits* (*Das Buch der Geister*).
Kardec wurde von spiritistischen Kreisen anglo-amerikanischer
Herkunft scharf kritisiert. Die Geister, die sich durch amerikani-
sche und englische Medien ausdrückten, wiesen nämlich generell
Reinkarnation ab. Außerdem richtete sich die Kritik auch gegen
die suggestive Weise der Fragestellung während der Arbeit mit den
Medien.

Wie immer man Kardecs Arbeit auch beurteilen mag, sicher ist, daß sie für viele Menschen in Europa den Zugang zur Reinkarnationsidee öffnete. Hans ten Dam[48] sagt über Kardec in seinem Standardwerk über Reinkarnation *Ring van Licht* (1990):»Interessanterweise stimmt das, was er veröffentlichte ausgezeichnet mit den Erfahrungen überein, die Menschen machen, wenn sie Erinnerungen an vorige Leben heraufholen.«

Der eigentliche ›Vater‹ der modernen Reinkarnationsansichten und Rückführungspraxis ist Albert de Rochas[49]. Er versetzte seine Versuchspersonen in eine magnetische Trance[50]. In diesem Zustand machten sie bestimmte Kindheitserlebnisse wieder durch, sogar solche aus ihrer frühesten Kinderzeit. De Rochas ging aber noch einen Schritt weiter und ließ sie auch Erfahrungen aus früheren Leben erneut durchleben. Das gelang ihm zum ersten Mal 1898.

Dieser Weg zum konkreten Erleben der Reinkarnation wird uns im folgenden noch viel beschäftigen, ebenso die spontan aufsteigenden Erinnerungen an Vorleben, die auffallenderweise seit Beginn unseres Jahrhunderts immer häufiger auftreten.

Als Pionierin der spontanen Reinkarnationserinnerungen wird zu Recht Joan Grant[51] mit ihrem 1937 erschienen Roman *Winged Pharaoh (Sekhet-a-ra, Tochter des Pharao)* bezeichnet. Doch mindestens ebenso interessant sind die Erfahrungen von Walter Johannes Stein[52], der zu dem ersten Lehrerkollegium der Freien Waldorfschule[53] in Stuttgart (1919) gehörte. Er verarbeitete seine Erfahrungen nicht in einem Roman, sondern schilderte in der englischen Zeitschrift *The present Age*[54] seine eigene portugiesische Inkarnation als Francisco de Almeida[55], erster Unterkönig Indiens. Näheres dazu finden Sie in meinem Buch *Tempel und Gral*.

Die großen niederländischen Autoren Louis Couperus[56] und Jan Slauerhoff[57] glaubten fest an Reinkarnation aufgrund eigener, plötzlich aufsteigender Erinnerungen. Der Roman Slauerhoffs *Het verboden rijk (Das verbotene Reich)*, der sieben Jahre vor Grants *Sekhet-a-ra, Tochter des Pharao* erschien, handelt von der karmischen Beziehung zwischen einem modernen Schiffsfunker (Slauerhoff war selbst Schiffsarzt) und dem portugiesischen Dichter

Camões[58]. Dieser Geschichte liegen ›Ahnungen‹ des Autors über eigene karmische Verknüpfungen zugrunde.

Mit der sich für uns im Rückblick und im Hinblick auf die gegenwärtige Situation stellenden Frage, warum in der älteren Literatur diese Reinkarnationserinnerungen nur sehr sporadisch auftreten (Goethe) und warum sie heute so auffallend häufig zu beobachten sind, berühren wir eine der wichtigsten Fragen des vorliegenden Buches, auf die wir noch gründlicher eingehen werden: In welcher Situation befindet sich das menschliche Dasein heute in bezug auf die Wirklichkeit von Reinkarnation und Karma?

# Mehr als ein Leben –
# Wer zweifelt daran?

Wenn wir uns fragen, was die grundlegendsten Veränderungen sind, die im letzten Viertel des 20. Jahrhunderts deutlich zutage treten, dann sind das eindeutig zwei, nämlich die Entstehung und Entwicklung der sogenannten Informatika einerseits und die Wiederentdeckung der Reinkarnation andererseits.

Der Computer beherrscht heutzutage alle Gebiete des äußeren gesellschaftlichen Lebens. Ein tiefgreifender Wandel hat sich hier vollzogen. Vom Einkauf im Supermarkt bis zur modernen supertechnischen Kriegsführung, wie wir sie im Golfkrieg erlebt haben, überall haben wir es mit dem Computer zu tun.

Gleichzeitig spielt im inneren Leben der heutigen Menschen der Reinkarnationsgedanke eine immer wichtigere Rolle. Wie kommen die Menschen auf diesen Gedanken?

Die Wege, die sie zu diesem gedanklichen Schritt führen, lassen sich nicht leicht nachvollziehen und sind unterschiedlichster Natur. Der eine schnappt irgendwo ein Wort auf, das ihn nicht mehr losläßt. Ein anderer liest einen zeitgenössischen Autor, der dieses Thema anspricht, wie z.B. Shirley MacLaine[59]. Ein dritter bekommt anläßlich einer Fernsehsendung über dieses Thema vielleicht das Gefühl, daß er schon immer in irgendeiner Form an Reinkarnation geglaubt hat, daß diese Möglichkeit, ›mehr als ein Leben zu haben‹, eigentlich bei ihm auf keine inneren Vorbehalte stößt, ja mehr noch, daß er den Glauben ›an frühere Leben‹ eigentlich als ganz normal empfindet. Bei anderen Menschen wiederum treten spontane Erinnerungen auf: Bilder von Zuständen, die sie

23

mehr oder weniger klar vor sich stehen sehen. Manchmal sind es nur Fetzen oder Fragmente, manchmal auch vollständige Geschichten, wie in einem historischen Film. Zu diesen Vorstellungen gesellt sich zumeist die Gewißheit, das Erinnerte irgendwann einmal selbst erlebt zu haben. Hat der Betreffende diese Empfindung nicht, dann können die aufsteigenden ›Erinnerungen‹ zu quälenden Bildern werden. Mittels psychiatrischer Hilfe können diese Menschen erfahren, ob das Erinnerte aus einem oder sogar verschiedenen eigenen früheren Erdenleben stammt oder nicht. Heute gibt es eine umfangreiche Literatur über diese Thematik. Unzählige Fallbeispiele werden darin beschrieben. In den meisten Fällen gehen die Autoren davon aus, daß es sich um Reminiszenzen eigener früherer Existenzen handelt. Andere Erklärungen werden selten in Erwägung gezogen.

Oft sind diese ›cases‹ außergewöhnlich interessant und ergreifend, wie z.B. der Bericht des englischen Psychiaters Arthur Guirdham[60] in *The Cathars and Reincarnation*. Er beschreibt hier, wie es dazu kam, daß er Notizen entzifferte, die eine Klientin als dreizehnjähriges Mädchen über ihre besonderen Erfahrungen in Schulhefte gekritzelt hatte. Es stellte sich heraus, daß Guirdham und sie Anfang des 13. Jahrhunderts während des Kreuzzuges gegen die Katharer in Südfrankreich wichtige gemeinsame Erlebnisse gehabt hatten. Guirdhams Buch läßt einen an der Richtigkeit seiner Entdeckungen nicht zweifeln. Er hat sie überdies mit erstaunlicher Ausdauer und wissenschaftlichem Spürsinn kontrolliert.

Fälle von spontan auftretenden Erinnerungen an Begebenheiten aus einem oder verschiedenen Vorleben scheinen heute häufiger vorzukommen als noch vor vierzig oder fünfzig Jahren. Erforscht ist dieses Phänomen noch nicht. Wie aber läßt es sich verstehen? – Eine Beobachtung ist allerdings bemerkenswert und könnte als Symptom eines Wandels innerhalb der abendländischen Kultur gelten: Selbst Menschen, die auf dem Gebiet der Reinkarnation keinerlei Erfahrung gemacht haben oder keine innere Gewißheit über den Wahrheitsgehalt dieser Lehre besitzen, reagieren heute nicht mehr, wie noch vor einiger Zeit, mit Empö-

24

rung, Ablehnung, Spott oder Kritik von einem überheblichen wissenschaftlichem Standpunkt her.

Die weltanschauliche Seite des Reinkarnationsgedankens dagegen, die vor nicht allzu langer Zeit in unserer Kultur noch Tabu war und als eine, wenn nicht absurde, so doch fremdartige Theorie angesehen wurde, die zu einer bestimmten alternativen Philosophie oder Lebensauffassung gehörte, wird heute kaum noch zur Kenntnis genommen. In anderen Worten: Die Reinkarnationsidee konfrontiert die Menschen nicht mehr unmittelbar mit einer neuen Lebensphilosophie. Am Anfang dieses Jahrhunderts konnte Christian Morgenstern[61] noch schreiben:

Reinkarnation
Dies ist das Tor, durch das ich eingetreten
und alle Dinge wie verwandelt schaue.

Wer heute den Reinkarnationsgedanken ganz plausibel findet, vielleicht sogar von seiner Richtigkeit überzeugt ist, oder wer zu wissen meint, wer er in einem früheren Leben war und in welchen Verhältnissen er dort gelebt hat, wird meistens dadurch nicht »alle Dinge wie verwandelt« sehen.

Der bereits genannte Hans ten Dam sagt in seinem Buch *Ring van Licht – reïncarnatie: denkbeelden en ervaringen*, daß »über die Folgen des Reinkarnationswissens für den Menschen wenig geschrieben worden ist«. Etwas später stellt er fest: »An Reinkarnation glauben bedeutet ebensoviel oder ebensowenig wie der Glaube an andere Ideen.« Er ist aber der Meinung, daß man durch die Regressionstherapie – der Klient wird in ein vergangenes Leben zurückgeführt und verarbeitet anschließend dieses Erlebte – zu einem durchgreifenden inneren Wandel angeregt werden kann, und zwar nicht so sehr auf weltanschaulichem Gebiet, sondern eher in seiner allgemeinen Lebenshaltung. Der Autor faßt diese innere Umwandlung in zehn Punkten zusammen. Wenn diese Behandlungsmethode derartige Veränderungen bewirken kann, dann müßte sie eigentlich zu einer erheblichen Kräftigung und Veredelung des Menschseins führen. Diese zehn Punkte[62] sind im Kern die folgenden:

1. Geburt und Tod verlieren ihre Sinnlosigkeit und können nun wie Stadien eines planmäßig sich vollziehenden sinnvollen Ganzen von aufeinanderfolgenden Erdenleben gesehen werden.
2. Der Lebensentwurf muß nicht in einem einzigen Leben verwirklicht werden. Der Mensch kann in einem bestimmten Leben in aller Ruhe nur eine einzige Hauptlinie verfolgen.
3. Lernen und Entwickeln nehmen kein Ende.
4. Den Körper empfindet er nicht länger als eine enge Behausung, die ihn gefesselt hält, sondern als ein Instrument, mit dem er sein Selbstbewußtsein entwickelt.
5. Beziehungen zwischen Menschen bekommen einen tieferen Sinn, weil der Mensch weiß, daß sie jenseits von Tod und Geburt weiterbestehen werden. Mitleid und Sympathie für den anderen wachsen.
6. Der Mensch lernt Kategorien wie Mann und Frau oder Eigenschaften wie reich und arm, extravertiert und introvertiert zu relativieren: Es sind nicht länger feststehende Gegebenheiten, sondern nur zeitbedingte Zustände, die sich von einem Leben zum anderen ändern können. Dadurch wird er »weniger dogmatisch, voreingenommen und eingebildet, weniger nationalistisch oder rassistisch und nicht so geschlechtsbezogen«.
7. Mit dem Reinkarnationsgedanken leben bringt wachsende Erfahrung und Einsicht mit sich und bereichert das Gefühlsleben. Der Mensch wird ›menschlicher‹, d.h. seine menschlichen Werte nehmen zu, und er gewinnt an Würde.
8. Beim Sterben wird der Mensch unter Umständen aus schmerzhaften und bedrückenden Verhältnissen erlöst, und er kann sich während einer gewissen Pause erholen, um danach, wie nach einem heilsamen Schlaf, wieder frisch anzufangen.
9. Die Menschheitsgeschichte können wir als einen ›kontinuierlichen Strom‹ ansehen. Unsere Verantwortung für die Zukunft der Erde wächst mit der Erkenntnis, daß wir mit anderen Menschen schicksalhaft verbunden sind.
10. Unsere Kinder sind für uns keine biologischen ›Produkte‹, sondern Menschen mit eigenen Lebenszielen.

Der tragende Gedanke in dem Buch von Hans ten Dam ist, daß es nicht genügt, wenn Reinkarnation theoretisch im Denken oder irgendwie verschwommen im Bewußtsein lebt – sie muß zur wirklichen Erfahrung werden. Doch, auch wenn man damit völlig einverstanden ist, genügt dies nicht. Es muß zu den gesammelten Erfahrungen auch noch eine Deutung des Erlebten hinzukommen.

Ein Beobachter verschiedener Rückführungssitzungen sagte mir einmal in einem Gespräch über die ›Wirklichkeit‹ dieser Erfahrungen folgendes: »Das, was von dem Klienten erlebt wird, ist absolut authentisch. Ich weiß allerdings nicht, ob die bei dieser Behandlungsweise hervorgerufenen Erlebnisse tatsächlich aus anderen Erdenleben stammen.« Eine Regressionstherapeutin brachte es noch deutlicher auf den Punkt, indem sie sagte: »Was kümmert es mich, ob während einer Sitzung die heraufbeschworenen Erfahrungen wirklich Bilder aus vorigen Leben sind. Die Behandlung *wirkt*, und das ist entscheidend.« Mit anderen Worten: »Was ich mit den Menschen mache, durchschaue ich zwar nicht, aber ich weiß, daß ich ihnen bei ihren Problemen helfen kann.«

In den Veröffentlichungen über Reinkarnation, die heutzutage den Markt überschwemmen, werden Ergebnisse der Regressionsbehandlung oder spontan aufsteigende Erinnerungsbilder eindeutig als konkrete Erfahrungen aus vorherigen irdischen Existenzen angesehen. Erstaunlicherweise werden auf diesem Gebiet kaum ›Beweise‹ verlangt, geschweige denn geliefert.

Andererseits werden Erfahrungen aufgrund spiritueller geistiger Forschung, wie Rudolf Steiner sie in seinen Büchern und Vorträgen schildert, entweder aus Unkenntnis nicht beachtet, oder sie werden nicht als reale Erfahrungen erkannt, sondern als ›gnostische‹[63] Theorien zurückgewiesen.

In den letzten zwanzig Jahren sind Phänomene in der menschlichen Psyche aufgetreten, die vorher kaum vorhanden waren. Diese Phänomene erfordern ein erklärendes, ideelles Gegenstück, um sie in einen größeren gesetzmäßigen Zusammenhang eingliedern und überhaupt verstehen zu können.

Mit diesem ideellen Gegenstück ist nicht so sehr eine konstruierte Theorie gemeint, die sich nur vage an Erscheinungen orientiert und die, weil sie erst nachträglich aufgestellt wurde, vielleicht eine bestimmte Färbung trägt oder sich auf Vorurteile gründet. Es geht hier vielmehr um ein gedanklich erfaßtes, geistiges Gesamtkonzept, das allen Aspekten der Wahrnehmung oder der Wahrnehmungsqualitäten gerecht wird. Oft ziehen wir mit unserem Denken voreilige Schlüsse, zum einen, weil wir in festen Denkmustern gefangen sind, und zum anderen, weil wir nicht der Totalität der Wahrnehmungsaspekte Rechnung tragen.

Das erinnert uns an das klassische Beispiel des ›Mannes am Grabenrand‹: Ein Mann steht am Rand eines Grabens oder Kanals und fällt ins Wasser. Seine Leiche wird geborgen. Todesursache: Tod durch Ertrinken. Hier wird wie folgt gedacht: Bei zwei Ereignissen, die kurz nacheinander stattfinden, ist das zweite die Folge des ersten. Auf den hier geschilderten Fall bezogen heißt das: Die erste Begebenheit, der Sturz ins Wasser, ist Ursache der zweiten Begebenheit, nämlich des Todes. Nach Untersuchung der Leiche, stellt sich aber heraus, daß der Mann erst an einem Herzstillstand gestorben und dann ins Wasser gefallen ist. Sein Tod hat den Sturz ins Wasser verursacht. Es war also genau umgekehrt, als man anfänglich dachte. Die erste Schlußfolgerung war falsch, weil Informationen oder Wahrnehmungsergebnisse fehlten und nach einem starren Muster gedacht wurde.

Dieses Beispiel könnte durch viele andere, vermeintlich wissenschaftliche Erklärungen ergänzt werden, bei denen der Irrtum auf fehlende Wahrnehmungsfakten und voreingenommenes Denken zurückzuführen ist.

Nun ist es bei dem oben angeführten Beispiel ziemlich einfach, den Denkfehler durch Einbeziehung neuer Fakten zu korrigieren, weil es sich um Wahrnehmungen auf Sinnesebene handelt. Schwieriger wird es, wenn wir uns auf Gebiete begeben, die sich der gewöhnlichen sinnlichen Wahrnehmung entziehen, die also übersinnlicher Natur sind.

Wie man auch immer zu Erfahrungen früherer Leben kommen mag, eins ist gewiß: In der Zeit zwischen zwei Erdenleben, wie kurz diese auch sein mag, liegt immer die terra incognita des übersinnlichen Zustandes. Die Beziehung des heutigen Lebens zu den vorangegangenen Erdenleben und natürlich auch zu den zukünftigen Stationen auf Erden, die man gewöhnlich »Karma« nennt, muß eine sinnvolle Verbindung zwischen zwei oder mehreren Etappen einer langen Reise sein, die zusammen den gesamten Reiseweg oder ›Lebensplan‹ bilden. Wenn dem nicht so wäre, wäre der Gedanke der Reinkarnation sinnlos, zufällig und vollkommen überflüssig – einen ›Lebensentwurf‹ gäbe es dann nicht.

Einen Zusammenhang können wir erst dann erkennen und als sinnvoll erfahren, wenn wir über das nötige Wahrnehmungsmaterial verfügen. Um Karma als übersinnliche Realität erfassen zu können, brauchen wir also entsprechende übersinnliche Wahrnehmungen, denn die Gesetzmäßigkeit von Ursache und Wirkung liegt in den unsichtbaren Welten. Sie liegt nicht in sinnlich zugänglichen Abläufen, wie beim Beispiel des Mannes, der in den Graben fiel; war hier doch die kausale und kontrollierbare Reihenfolge die: Herzstillstand, Sterben, Sturz, im Wasser liegen und Bergung.

Eine Wissenschaft, die befriedigende Erklärungen über den Zusammenhang zwischen den verschiedenen Erdenleben einer einzelnen Individualität geben will, muß über eine bestimmte Wahrnehmungsfähigkeit verfügen, die man gewöhnlich als »Hellsichtigkeit« bezeichnet. Diese hellsichtigen Wahrnehmungen sind aber nur ein Teil eines viel umfassenderen Gebietes von Erfahrungen, die der Mensch in übersinnlichen oder geistigen Welten sammeln kann.

Im erweiterten Bewußtsein kann man drei Ebenen unterscheiden: das imaginative, das inspirative und das intuitive Bewußtsein.[64] Diese höheren Bewußtseinsstufen bestehen gleichzeitig neben unseren ›niederen‹ Bewußtseinsformen – dem Wach-, Traumund Schlafbewußtsein. Auch im ›Normalzustand‹ können sowohl Imaginationen (Bilder), Inspirationen (geistige Wort- und Klangoffenbarungen) als auch Intuitionen (Wesens-Einswerdung) blitzartig auftreten. Heute treten gewiß bei vielen, vor allem bei jungen Menschen derartige Bewußtseinsblitze einer höheren oder zumindest anderen Ordnung als der des gewöhnlichen Bewußtseins auf.

Ohne exakte Schulung auf dem Gebiet der übersinnlichen Bewußtseinszustände ist es schwer, diese außersinnlichen Erfahrungen richtig zu deuten, zu denen meines Erachtens auch die Regressionserlebnisse und spontanen Reinkarnationserinnerungen gehören. Wenn jemand den normalen Bereich der Wahrnehmung und das damit verbundene rationale Denken verläßt, braucht er einen sicheren Anhalt, um nicht in eine illusionäre Lage zu geraten und falsche Schlußfolgerungen zu ziehen.

Im folgenden möchte ich Rudolf Steiners Erfahrungen und Erkenntnisse zu Hilfe nehmen, um ein neues Licht auf Erfahrungsberichte der aktuellen Reinkarnationsliteratur zu werfen, die zwar generell als authentisch angesehen werden, aber noch nicht eingehend erforscht worden sind.

# Rückführung in die Vergangenheit

Wenn wir uns an etwas erinnern wollen, müssen wir in der Zeit zurückgehen. Daß das möglich ist, finden wir selbstverständlich. Unbewußt nehmen wir an, daß alles, was wir irgendwann erlebt haben, irgendwo in einer Art Sammelbecken aufbewahrt wird, aus dem wir zu gegebener Zeit das früher Erlebte wieder an die ›Oberfläche‹ holen können. Manchmal gelingt es uns zwar nicht, uns auf etwas Bestimmtes zu besinnen, es taucht nicht wieder auf, doch wissen wir, daß das nur einer Schwäche unserer Erinnerungsfähigkeit zuzuschreiben ist und daß die betreffenden Erlebnisse nicht wirklich ausgewischt sind, denn sie gehören zu uns, sie sind ein Teil unseres Selbst.

Wir können verschiedene Intensitätsgrade der Erinnerung unterscheiden. Vergegenwärtigen Sie sich z.B. einmal eine einfache Tatsache aus der Vergangenheit: den Namen eines Bekannten, dem Sie nach längerer Zeit wieder begegnet sind, Jahreszahlen aus der Geschichte oder die Mehrzahlregel der deutschen Grammatik, die Sie sich vor längerer Zeit eingeprägt haben. Bei dieser einfachen Art der Erinnerungen werden Sie kaum etwas erleben. Es handelt sich hier um ein nahezu bildloses inneres Benennen. Das Gedächtnis arbeitet ganz einfach.

Sie können sich aber auch eine Szene ausmalen, die sich vor kürzerer oder längerer Zeit abgespielt hat, und sich dabei alle Einzelheiten vor das geistige Auge holen: Stellen Sie sich den Ort – sei es ein Zimmer oder eine Landschaft – vor, an dem sich diese Begebenheit zugetragen hat, die Formen und Farben der Dinge, und vergegenwärtigen Sie sich wie die Menschen, die dort zugegen waren, ausgesehen haben, usw.

Wenn Sie dieses Erinnerungsbild noch intensiver erleben wollen, können Sie neben den visuellen Qualitäten auch noch andere Sinneswahrnehmungen hervorrufen: Sie hören wieder die Stimmen der Anwesenden, riechen und schmecken die Speisen, die damals aufgetischt wurden, und Sie fühlen sich wiederum so, wie Sie sich seinerzeit gefühlt haben. Diese intensive Form der Erinnerung nennt man »Nacherleben«; dabei überschreitet man bereits die gewöhnliche Intensität des Zurückgehens in der Zeit. Das Bewußtsein spaltet sich: Man denkt und fühlt in der Gegenwart und zugleich empfindet und denkt man auch wie das Kind, das man damals war, als man die Situation wirklich erlebte.

Vertieft man diesen Erinnerungsprozeß noch, dann erreicht man den Zustand der sogenannten »Rückführung« oder »Regression«, in dem die Verbindung mit dem Hier und Jetzt mehr oder weniger unterbrochen ist. Im nachhinein ist für das gewöhnliche Bewußtsein die Zeitspanne, in der man die Rückführungserfahrung durchgemacht hat, wie verschwunden. Der Klient kann auch aus der jetzigen Bewußtseinsebene heraus keinen Einfluß auf das damalige Bewußtsein nehmen, sogar dann nicht, wenn er imstande ist, während der Rückführung bei vollem Bewußtsein zu bleiben.

Bei der vierten Stufe, der sogenannten »Identifikation«, ist die bewußte Verbindung mit der Gegenwart völlig abgebrochen, oder besser gesagt: Der damalige Zustand wird als Gegenwart erfahren, einschließlich des Regressionsbegleiters. Allerdings verblaßt letzterer in der Vergangenheit des Klienten zu einer Figur, die nur Fragen stellt, die nicht zu jener hervorgerufenen Situation zu passen scheinen.

In unserem Jahrhundert wurde zunächst die zeitliche Rückführung in diesem Leben unter Hypnose durchgeführt. Vor allem die Experimente des bereits erwähnten Albert de Rochas machten es möglich, eine Versuchsperson durch Hypnose oder Magnetisierung zunächst zu der Lebensphase zurückzuführen, an die sie normalerweise keine Erinnerungen mehr hatte, also zu der Phase vor dem dritten Lebensjahr. Man ging dann noch weiter in der Zeit zurück, bis direkt vor den Zeitpunkt der Geburt. Und schließlich gelangte man, immer weiter rückwärts gehend, über die Geburt hinaus zu den Erinnerungen an vergangene Leben. Meistens ist das erste Zeichen, daß der Klient im vorigen irdischen Dasein angekommen ist, das Nacherleben der Sterbestunde, also das Ende des vorangegangenen Lebenslaufs.

Die Versuche des de Rochas wurden durch andere Forscher weiterentwickelt. An die Stelle der Hypnose sind zunehmend andere Methoden getreten, die dem Klienten eine starke Konzentration abverlangen und die ihn anhand von gezielten Fragen in der Zeit zurückführen. Eine psychiatrische Behandlung, bei der psychische oder körperliche Beschwerden auf Ursachen in einem früheren Leben zurückgeführt werden, gehört heute schon zu den häufig angewandten Therapieformen. Dabei ist dann auch ausdrücklich von einer »Reinkarnationstherapie« die Rede. Über sie sagt die in Stuttgart praktizierende Therapeutin Ingrid Vallieres:

>»Die Reinkarnationstherapie geht von der Tatsache aus, daß ein Leiden, sei es nun körperlich oder seelisch bedingt, von Ursachen aus einem früheren Leben herrühren kann. Im Laufe einer solchen Therapie werden alte Erlebnisse, ›alte Schulden‹ gelöscht, so daß der betreffende Mensch lernt, sich voll auf die Gegenwart zu konzentrieren, um im ›Hier und Jetzt‹ leben zu können, ohne von einer unverarbeiteten Vergangenheit bedrängt zu werden.«[65]

Wenn man Protokolle von Regressionssitzungen liest, fällt auf, daß der Zeitraum zwischen dem Tod, mit dem die vorige Inkarnation endete, und der Geburt zu Beginn der aktuellen Inkarnation oft nicht beachtet wird. Doch gerade in den seltenen Fällen, in denen Erfahrungen aus dieser Sphäre beschrieben werden, handelt es sich um Berichte von Verstorbenen, die sich eigentlich nicht richtig von dem gerade abgelaufenen irdischen Leben haben befreien können.

Thorwald Dethlefsen gibt davon in seinem Buch *Schicksal als Chance* ein deutliches Beispiel. Eine Klientin, die in einem früheren Leben eine Fürstin war und sich der Grausamkeit und Machtwollust hingegeben hatte, beschreibt ihr Sterben folgendermaßen:

»Ich sterbe einen qualvollen, langsamen und einsamen Tod. Ich habe vor allem eine entsetzliche Todesangst, die mich fast von den Sinnen bringt. Ich höre schrecklichen Lärm und Getöse und finde mich dann auch in einer dunklen Sphäre beziehungsweise bizarren Landschaft wieder. Alles ist furchteinflößend, alles zittert vor Angst. Die Landschaft ist disharmonisch, alles ist spitz, eckig, kalt und abweisend. Es ist windig, die Luft voll von ängstlichem Stöhnen. Ich suche ziel- und planlos ein Loch oder einen Spalt, in dem man sich verkriechen kann, aber ich finde nichts. Auch die Farbschattierungen sind hier bedrohlich. Es sind auch noch viele andere Wesen da, unter anderem auch rattenähnliche. Ich muß mich qualvoll lange hier aufhalten, ununterbrochen einen Schlupfwinkel suchend. Das schlimmste ist, daß man sich an das Grauen hier nicht gewöhnt. Nach langer Zeit finde ich endlich einen Spalt, in den ich mich hastig dränge beziehungsweise hineingezogen werde.«[66]

Dethlefsen betont, daß jede Seele in »ihr eigenes Jenseits« kommt, das jeweils vom eigenen Bewußtsein in bestimmte Formen gekleidet wird.

In Fallbeispielen, bei denen sich die Seele aus dieser spezifischen Bindung an ihre Vergangenheit lösen konnte, liest man über Kontakte mit anderen Menschen (also mit Seelen von Verstorbenen) und über elysiumähnliche[67] Verhältnisse, die auf eine solche Weise geschildert werden, daß sie im Grunde nicht von angenehmen irdischen Umgebungen zu unterscheiden sind.

So berichten die von Joel L. Whitton[68] unter Hypnose rückgeführten Klienten folgendes:

»Ich sehe prächtige Paläste und wunderschöne Parkanlagen.«

»Ich bin umgeben von abstrakten Formen verschiedenster Größen, einige länglich, einige zylindrisch.«

»Landschaften, immer wieder Landschaften und Wellen, die ans Ufer schlagen.«

»Ich war mir bewußt, mit jedem Fuß in einer anderen Welt zu stehen. Aus meiner Perspektive konnte ich die Vegetation und die Atmosphäre der Erde wahrnehmen. Aber in der anderen Richtung war ein viel stärker leuchtendes Licht, und die Luft war dünner. Mit meinem Führer begann ich, in diese andere Welt hinüberzugehen, die einer Mittelmeerlandschaft glich. Es war ruhig, maßvoll und friedlich. Weiß getünchte Gebäude schmiegten sich an niedrige Hügel. Die Gebäude strahlten in einem besonderen Licht. Sie alle hatten niedrige breite Rundbögen. Unter diesen Rundbögen nahm ich ein sanftes goldenes Leuchten wahr, das aus dem Inneren der Räume drang.«

Whitton spricht auch von einer Art geistigem Rat, ein ›himmlisches‹ oder jedenfalls übermenschliches Kollegium von urteilenden und beratenden Wesenheiten, mit deren Hilfe man das zurückliegende Leben verarbeiten und neue Pläne für das nächste machen kann.

Ein Klient erzählt von einer solchen Begegnung wie folgt:

»Mein Führer nahm mich am Arm und geleitete mich in ein Zimmer, wo die Richter an einem rechteckigen Tisch saßen. Sie waren in lange weite weiße Gewänder gekleidet. Ich spürte, daß sie sehr alt und sehr weise waren. In ihrer Gegenwart hatte ich das Gefühl, ein kleiner Junge zu sein.«

Wiederum ein anderer Klient berichtet:

»Schon, daß ich dort vor diesen Richtern stehen mußte, flößte mir Angst ein. Doch bald erkannte ich, daß ich keinen Grund hatte, mich zu fürchten. Sie strahlten so viel freundliches Verständnis aus, daß jede Furcht verschwand.«

Von einer wirklichen Entwicklung und einem echten Lernprozeß in dem Leben, das unmittelbar auf das Sterben folgt, berichtet die Regressionsliteratur nicht. Eine Entwicklung ist nur bei solchen Seelen möglich, die völlig ›aufwachen‹. Bei den ›schlafenden‹ Toten oder träumerisch umherwandelnden Seelen dagegen gibt es auch keine bewußte Wahl und wahrscheinlich auch keine gesetzmäßig festgelegte Rückkehr zur Erde.

Im allgemeinen wird in den Regressionsprotokollen der Prozeß von Leben, Sterben und Wiedergeburt wie ein natürlich-psychisches Geschehen beschrieben, in dem zwar bestimmte Gesetzmäßigkeiten gelten, in dem aber die Existenz einer höheren Welt oder einer geistigen Führung, zu dem nur ein erweitertes Bewußtsein Zugang hat, außer Betracht gelassen wird.

Die ›Rückkehr in der Zeit‹, in der ein Individuum mit seinem Erinnerungsvermögen geradlinig in die Vergangenheit zurückgelangen kann, indem es gewissermaßen mühelos die Bewußtseinsbarrieren von Geburt und Tod überwindet, ist nur zu begreifen, wenn man voraussetzt, daß der Mensch ein kontinuierliches Gedächtnis besitzt. Zwar bestehen unterschiedliche Auffassungen darüber, welche physiologisch-psychologischen Prozesse an der Rückführung beteiligt sind, doch ist den Protokollen zu entnehmen, daß man im Grunde stets von denselben Voraussetzungen ausgeht: Mittels einer spezifischen Methode – mittels Hypnose oder einer anderen Technik – geht die betreffende Person durch Erfahrungen, die mit ihr selbst zusammenhängen hindurch. Sie werden als Erlebnisse ihres vorigen Lebens oder irgendeines ihrer Vorleben gedeutet. Man geht also von der Existenz eines Reinkarnationsgedächtnisses aus, das mit der Gedächtniskapazität eines Computers zu vergleichen ist, bei dem die gespeicherten Daten jederzeit abrufbar sind. Außerdem zeichnet dieses Gedächtnis ununterbrochen und fehlerfrei alles Geschehene auf und verarbeitet es. Dieser Vorgang hinterläßt Spuren. Wäre das nicht der Fall, würde es keinen Zusammenhang zwischen aufeinanderfolgenden Erdenleben geben, und von »Karma« könnte nicht die Rede sein.

Zugang zu diesem allgemeinen und umfassenden Gedächtnis verschaffen wir uns, nach Auffassung der Reinkarnationstherapeuten, durch eine Bewußtseinsveränderung oder -verschiebung, die auch ohne Einsatz von Hypnose als ein psychischer Ausnahmezustand aufgefaßt werden muß: ein Entspannungszustand, vergleichbar einer leichten Trance[69]. Mittels eines Elektroenzephalogramms (EEG) kann man jeweils den dominanten Gehirnrhythmus der verschiedenen Bewußtseinszustände registrieren. Während der Regression tritt der sogenannte Deltarhythmus auf, der mit der Gehirntätigkeit des Tiefschlafs übereinstimmt und ungefähr zehnmal langsamer als der Wachrhythmus verläuft.

Überdies wird die Zeitregression vom Therapeuten auf solche Weise gesteuert, daß eine starke Bindung zwischen ihm und dem Klienten entsteht. Ohne daß man gleich von suggestiver Beeinflussung zu sprechen braucht, ist es doch deutlich, daß die Suggestivfragen des Therapeuten, die die Rückführung in die Vergangenheit veranlassen, zwar nicht beim Klienten den Inhalt seiner Antworten bestimmen, seine psychischen Reaktionen aber doch in eine bestimmte Richtung steuern.

Hans ten Dam faßt diese sogenannten »Induktionsmethoden«[70] wie folgt zusammen:

»Mit Induktion ist gemeint: in Trance versetzen beziehungsweise das Herbeiführen des Nacherlebens früherer Erdenleben. Folgende Induktionsmethoden werden angewandt:

1. Magnetisierung durch magnetische ›Passes‹[71] – wird selten oder gar nicht mehr angewandt.

2. Hypnose: meistens durch Suggestion herbeigeführt, mit der Anweisung zum vorherigen Erdenleben zurückzukehren.

3. Entspannung und Bildvorstellungen: körperliche und psychische Entspannung, dem eigenen Körper erhöhte Aufmerksamkeit zuwenden, wachrufen von Bildern und Vorstellungen; oft hat der Klient dabei die Empfindung, als ob sein Körper hin und her schwanke, auf dem Wasser schwimme oder in der Luft schwebe, oder manchmal stellt er sich auch vor, daß er aus seinem Körper heraustrete. Nach einem symbolischen Grenzübertritt oder Abstieg aus einem schwebenden Zustand, kommt man zu einem Erleben des zurückliegenden Lebens.

4. Normale Erinnerungen hervorrufen und sie vertiefen, so daß der Zustand des Nacherlebens eintritt; zurückkehren in die frühesten Lebensjahre, dann weiter zurück bis zur Geburt, dann bis unmittelbar vor den Geburtsmoment und schließlich

über die Geburt hinaus und immer weiter zurück in die Vergangenheit.

5. Über den Gefühlsweg: Der Therapeut ruft eine bestimmte Emotion auf und läßt diese anwachsen; dann gibt er die Anweisung, zurückzukehren zu der Situation, in der diese Emotion verursacht wurde und Spuren hinterlassen hat.

6. Über den somatischen Weg: ein genau umschriebenes und deutlich lokalisiertes Schmerzgefühl verstärken lassen und danach die Anweisung geben, zu der Situation zurückzugehen, in der dieses Körpergefühl verursacht wurde und Spuren hinterlassen hat. Diese Methode kann nach der Entspannungsphase (siehe dritte Induktionsmethode) statt des Bildvorstellens angewandt werden.

7. Anhand eines Postulats[72]: Dem Klienten wird der Auftrag gegeben, ein bestimmtes Postulat aufmerksam und mit wachsender Intensität zu wiederholen und dann zu der Situation zurückzukehren, in der es dem Gedächtnis eingeprägt worden ist.«

In den vergangenen zwanzig Jahren wurden diese Induktionsmethoden nicht nur gewaltig erweitert und verfeinert – denn viele Psychiater fingen an, sich für die Regressionstherapie zu interessieren, und wenden sie jetzt erfolgreich an –, es entstand auch eine unübersehbare Literatur über Fallbeispiele, die in vielerlei Hinsicht Übereinstimmungen aufweisen. Sowohl Therapeuten als auch Klienten sind fest davon überzeugt, daß es sich, wenn die Rückkehr in die Vergangenheit starke Erlebnisse wachruft, um wirkliche Reinkarnationserinnerungen handelt.

Die Frage, inwieweit das tatsächlich so ist, möchte ich, solange wir nicht wissen, was das Reinkarnationsgedächtnis eigentlich ist und wie es funktioniert, offenlassen.

Wenn wir versuchen, die möglichen Beziehungen zwischen aufeinanderfolgenden Erdenleben zu erforschen, mit anderen Worten, wenn wir versuchen, die karmischen Gesetzmäßigkeiten zu entdecken, die in dem Zusammenhang zwischen dem heutigen Leben und den in der Regression hervorgerufenen Bildern und Erfahrungen eines vorherigen Lebens bestehen, dann fällt uns auf, daß die Ergebnisse einer solchen Untersuchung trotz einiger Übereinstimmungen erheblich von den ›karmischen Zusammenhängen‹ abweichen, über die die spirituelle Wissenschaft Rudolf Steiners (Anthroposophie) spricht.

Meines Erachtens liegt der große Unterschied darin, daß Rudolf Steiner in seiner Beschreibung des Lebens zwischen Tod und neuer Geburt, in dem das gerade zu Ende gegangene irdische Leben beurteilt und in das kommende Leben umgewandelt wird, statt von einer mehr oder weniger linearen Fortsetzung zu sprechen, von einer Metamorphose[73], einer tief eingreifenden Umwandlung ausgeht.

In dem oben zitierten Buch *Das Leben zwischen den Leben* von Joel L. Whitton und Joe Fisher wird zwar erläutert, inwiefern das »Zwischendasein« eine gut organisierte kosmische Schule ist, in der die Seelen die Erfahrungen der gerade beendeten Inkarnation verarbeiten und sinnvolle Pläne schmieden können, um das nächste Mal ihre Fehler und Versäumnisse wiedergutzumachen. Von einer Umwandlung des gesamten menschlichen Wesens, von einer vollkommenen Vergeistigung des Ichs in einer Welt von hierarchischen Götterwesen[74], wie sie die spirituelle Wissenschaft beschreibt, ist aber nicht die Rede. In dem genannten Buch wird eine Art Richterkollegium geschildert, das urteilt und verurteilt und Anweisungen gibt, wie der Mensch seine Fehler verbessern und sich erneuern kann. Das erinnert uns zwar an bestimmte Beschreibungen der Geisteswissenschaft, wie wir in Kapitel 7 noch sehen werden, aber das Gesamtkonzept von Whittons »Zwischendasein« wird man eher als archetypische Symbolik in jungianischem[75] Sinne auffassen müssen, als daß man darin eine unmittelbare Offenbarung einer höheren Bewußtseinsform erkennen könnte.

Die Auffassungen der Regressionstherapeuten über Karma sind im allgemeinen stark mit den Theorien über das Unterbewußtsein verwandt, wie sie von der Tiefenpsychologie[76] entwickelt wurden. Auch die Behandlungsmethode ist im Grunde diejenige, die in der

Psychoanalyse[77] angewandt wird, mit dem Unterschied, daß der Regressionskandidat noch einen Grad oder sogar mehrere Grade tiefer ins Unterbewußtsein geführt wird. Dadurch gelangt man bei der Suche nach Traumata zu noch spektakuläreren Resultaten und vielleicht sogar zu größerem und schnellerem Erfolg. Wie aber eine solche heilende Wirkung tatsächlich erzielt wird, bleibt für mich undurchsichtig. Auch sind Untersuchungen zur Dauerhaftigkeit der Heilung durch Regressionstherapie meines Wissens noch nicht gründlich durchgeführt worden.

In diesem dritten Kapitel geht es zunächst allein um eine kurze Orientierung über die verschiedenen Gesichtspunkte der Regressionsliteratur. Einen guten Überblick über den aktuellen Stand der Therapiemöglichkeiten bietet hierbei das Buch *Ring van Licht* von ten Dam.

Der Autor unterscheidet zwischen einer Reinkarnation aus karmischen Gründen und einer Rückkehr zur Erde aus freien Stükken. Im ersten Fall kann die Reinkarnation ganz und gar wie ein Naturprozeß funktionieren oder wie ein Erziehungsvorgang, bei dem die Seele sich selbst eine Strafe auferlegt oder sich durch Bewältigung von erzieherischen Aufgaben zu einer höheren Ebene hocharbeitet. Im Zwischendasein können dabei bestimmte ›Begleiter‹ hilfreich sein. Entscheidet sich hingegen jemand aus freien Stücken zur Reinkarnation – dies ist bei außergewöhnlichen Individualitäten mit einer hohen Menschheitsmission der Fall (z.B. Bodhisattwas[78] in der buddhistischen Lehre) –, so handelt es sich um eine selbständige Tat aus eigener Kraft durch viele irdische Existenzen hindurch, und zwar entweder zugunsten der eigenen Entwicklung oder mit dem Ziel, die Entwicklung der Menschheit vorwärts zu bringen.

Der Therapeut beschäftigt sich vor allem mit den ursächlichen Zusammenhängen zwischen angrenzenden Leben. Diese Zusammenhänge können in drei Kategorien aufgeteilt werden, nämlich in die der Fortwirkung, Nachwirkung und Auswirkung.

Zu der ersten Kategorie gehören z.B. Fähigkeiten, die in einem Leben entwickelt werden und im folgenden Leben fortwirken. Als

Beispiel führt man meistens die Begabung musikalischer Wunderkinder an. Es handelt sich hierbei in gewisser Hinsicht um eine geradlinige Fortsetzung. Das gilt auch für Gefühle, für manche Gewohnheiten, Neigungen und Suchterscheinungen. Auch äußere Merkmale, wie der Gesichtsausdruck oder kleine körperliche Besonderheiten, können ohne nennenswerte Veränderung von einer Existenz in die nächste übernommen werden.

Das zweite Phänomen, das der Nachwirkung, ist von größter Bedeutung für den Therapeuten: Etwas, das seinen Ursprung in negativen Erfahrungen im vorigen Leben hat, kann in dem jetzigen Leben zu Krankheiten führen. Zwei der wichtigsten Gründe hierfür seien genannt: Zum einen gibt es Nachwirkungen in Form von ›Postulaten‹ wie z.b. folgende Behauptungen: »Mir gelingt nie etwas«, »Niemand versteht mich« oder »Ich werde immer einsam bleiben«. Diese fixen Ideen haben ihren Ursprung in unverarbeiteten Erfahrungen aus einem zurückliegenden Leben. Zum anderen stammen Traumata, also richtige Verletzungen, aus einem vorigen Leben; sie wirken auf die gleiche Weise nach wie Traumata in diesem Leben. Traumatische Erfahrungen wie Folter, Mißhandlung, psychische Quälerei, gewalttätiger Tod, Exekution oder andere Grausamkeiten haben oft psychosomatische und psychische Nachwirkungen wie physiologisch unerklärliche Schmerzen, Phobien, Alpträume und andere obsessive psychische Störungen.

In der Regressionsliteratur findet man zahllose Beispiele solcher Zusammenhänge, wobei es die Frage bleibt, ob sie wirklich ›karmisch‹ sind oder ob sie vielleicht auf eine andere Weise verstanden werden müssen.

Rückführungen können ganz spezifische Nachwirkungen ans Licht bringen: Chronische Kopfschmerzen z.b. können durch Enthauptung, Kopfschuß, Erhängen oder Skalpieren in einem vorherigen Leben verursacht sein. Menstruationsprobleme und Frigidität bei Frauen sind oft auf sexuelle Traumata zurückzuführen. Übergewicht bei einem Mann kann dem Verhungern in einer früheren Inkarnation zuzuschreiben sein. Tod durch Ertrinken führt im nächsten Leben zu Angst vor Wasser. Eine Frau, die während einer früheren Existenz in einem Sandsturm umgekommen ist, hat im heutigen Leben Angst vor starkem Wind. Die Reaktionen der Klienten beim Wiedererleben solcher traumatisierender Ereignisse (egal wie sie hervorgerufen werden) sind so überzeugend, daß sie als die stärksten Beweise für die Wahrheit der Regressionstheorie gelten können. Dennoch müssen wir uns vor Augen halten, daß jegliche Interpretation der Tatsachen immer durch das Denken geschieht.

Die dritte Kategorie, die hier dargestellt werden soll, ist die der Auswirkung. Darunter verstehen wir die Folgen von Aktivitäten und nicht belastenden Erfahrungen aus vorigen Existenzen für das heutige Leben. Dazu gehört alles, was man sich in einem vergangenen Leben durch Anstrengung und Übung erworben hat und das ins nächste Leben als Fähigkeiten mit hinübergenommen wird. Auch menschliche Kontakte werden in einem nächsten Erdenleben vertieft und bekommen einen vertraulicheren oder sogar intimen Charakter. Das kann sich freilich ebenso im Negativen auswirken: Nicht nur Liebes-, sondern auch Haßgefühle werden ins nächste Leben hinübergetragen. Das gilt auch für die Entwicklung oder Verwahrlosung bestimmter Fähigkeiten: Entwicklung führt zu Können; Verwahrlosung führt zu Inaktivität sowie Erschlaffungserscheinungen, sogar zu Unfähigkeit.

Auch bei dieser dritten Kategorie verläuft die Ursache-Wirkungskette meistens linear, das heißt, daß z.B. die Anstrengung, Klavier spielen zu lernen, im folgenden Leben zu Virtuosität am Klavier führen kann. Jemand, der sein Leben in völliger Schweigsamkeit verbringt, wird in seinem nächsten Leben die größte Mühe mit dem Sprechen haben.

Auswirkungen und Nachwirkungen können einander überlagern. In diesem Fall ist die Folge dann nicht geradlinig aus der Ursache abzuleiten, sondern das Physische schlägt sich im Psychischen nieder oder umgekehrt: Körperliche Befindlichkeiten sind auf psychische Erfahrungen zurückzuführen. So kann z.B. ein Leben, das von liebevoller Betreuung anderer, von Harmonie und Schönheitsempfinden erfüllt ist, in der nächsten Inkarnation zu dem Besitz eines schönen und harmonischen Körpers führen. Hier sehen wir einen deutlichen Berührungspunkt mit den geisteswissenschaftlichen Karmaforschungen, in denen wir einigermaßen vergleichbaren Wirkungen begegnen. In einem späteren Kapitel wird das noch erörtert werden.

Sowohl bei Regressionserfahrungen als auch bei spontanen Reinkarnationserinnerungen ist meistens die Zwischenexistenz zwischen dem Tod in einem und der Geburt im darauffolgenden Leben kurz oder gar sehr kurz. Nicht selten treffen wir in der Regressionsliteratur Mitteilungen von Zeitgenossen an, die von ihrem vorangegangenen Leben im Konzentrationslager im Zweiten Weltkrieg berichten – die Zwischenzeit dauerte also höchstens einige Jahre. Manchmal werden auch längere Aufenthalte in einem Zwischenreich beschrieben, variierend von zehn bis zu einigen Hundert Jahren. In den meisten Protokollen ist die Anzahl der Inkarnationen, die während einer Rückführung hervorgerufen werden können, ziemlich hoch. Wenn die Intervalle zwischen zwei Erdenleben so kurz sind, ist das nicht verwunderlich.

Joel L. Whitton beschreibt den folgenden Fall einer Rückführung in jenes Zwischenreich, bei der sich herausstellte, daß eine ganze Reihe von Inkarnationen seines Klienten vom selben Lebensthema geprägt waren:

»Der Oberschullehrer Tony Kalamaris, der sich verzweifelt darum bemühte, seine vitale Erotik mit seinen tiefen spirituellen Neigungen in Einklang zu bringen, erfuhr während der Rückführung in das Leben zwischen Tod und Wiedergeburt, welche karmischen Zusammenhänge zu diesem inneren Kampf geführt hatten: In seinen zehn letzten Inkarnationen hatte er sich sehr stark von seinen erotischen Trieben leiten lassen, und deshalb war es jetzt seine Aufgabe, die spirituelle und die erotische Seite seines Charakters miteinander zu versöhnen.«

Der ebenfalls bereits zitierte Thorwald Dethlefsen sagt über die Dauer der Zwischenexistenz und die Frequenz des Inkarnierens folgendes:

»Wie lange der Aufenthalt einer Seele im Jenseits dauert, ist im Einzelfall unterschiedlich. Sicher ist jedoch, daß die verbreitete Behauptung, zwischen den einzelnen Inkarnationen lägen mehrere hundert oder tausend Jahre, falsch ist. Es spricht viel dafür, daß in weiterer Vergangenheit Zwischenphasen von ein paar hundert Jahren vorkamen. Zur Zeit liegen jedoch zwischen den Inkarnationen meist weniger als zehn Jahre. Die Verkürzung oder Verlängerung ist der Mechanismus, der die unterschiedlichen Bevölkerungszahlen steuert. Je kürzer die Zwischenphase, um so mehr Menschen leben auf Erden.«[79]

Und die ebenfalls bereits erwähnte Ingrid Vallieres schreibt aus ihrer Therapeutenerfahrung:

»Es besteht keine generelle Gesetzmäßigkeit, wie lange die Seele sich zwischen zwei Leben aufhält. Sie kann Sekunden nach dem letzten Tod schon wieder über ein Elternpaar in einen neuen Körper gezogen werden, wie dies manchmal nach einem plötzlichen, grauenvollen Tod geschieht, oder sie kann unendlich lange in diesem Zwischenzustand verharren. Nachdem die Erkenntnis gezogen und das Ziel formuliert ist, geschieht im Jenseits keine wirkliche Weiterentwicklung mehr. Die Seele mag sich mit anderen austauschen, sie mag sich in angenehmen Sphären aufhalten, aber die Umsetzung der Erkenntnis muß hier auf der Erde erfolgen. Deshalb muß die Seele so oft inkarnieren, bis sie alle ihre Lernziele erreicht hat.«[80]

Ich möchte es bei diesen knappen Betrachtungen belassen. Später werde ich im Zusammenhang mit Rudolf Steiners Karmaforschung auf diese Thematik ausführlicher eingehen.

# Der Karmabegriff

Die Reinkarnationsanschauung bringt den Menschen zwar auf den Weg zur Wahrheit über das Menschsein, aber wenn dieses Wissen nicht durch ein Verständnis des gesetzmäßigen Zusammenhangs zwischen den aufeinanderfolgenden Erdenleben ergänzt wird, kann der Mensch immer noch vom Weg abkommen und vielleicht noch größeren Täuschungen erliegen als durch den einfachen Glauben: ein Mensch, ein Leben. Das Rätsel des menschlichen Daseins kann doch nicht nur darin bestehen, daß der Mensch die Erde viele Male besucht und sich in den Zwischenphasen in einer außerirdischen Sphäre aufhält. Es liegt vielmehr in der Tatsache, daß sich ein roter Faden durch diese Reise mit ihren zeitweiligen Unterbrechungen zieht, der die verschiedenen Etappen und Stationen zu einem langen Reiseweg verbindet.

Was sollte es für einen Sinn haben, daß der Mensch immer wieder als hilfloses Baby anfängt, daß er aufs neue die Lebensschule durchläuft, um schließlich die Wanderung zu beenden – der eine etwas früher, der andere etwas später, mehr oder weniger unbeschadet; der eine nach einem langwierigen Leidensweg, der andere auf grausame Weise aus dem Leben gerissen; überhaupt gestaltet sich das Ende nur selten still und sanft.

Den eigentlichen Sinn des mehrmaligen Wiederkehrens auf die Erde hat Gotthold Ephraim Lessing folgendermaßen beschrieben: Die Menschheit ist immerfort in Entwicklung begriffen; die Geschichte ist eine Art ›Erziehung‹, die aus wichtigen Phasen besteht.

Es ist unmöglich, die verschiedenen Stufen komprimiert in nur einem Leben zu durchlaufen. Warum dann nicht sooft zurückkommen als nötig, um alle ›Klassenstufen‹ der großen Menschheitsschule zu absolvieren? – Auf diesen vernunftgemäßen Gedanken kam der Rationalist Lessing am Ende des 18. Jahrhunderts. Dieser Gedankengang scheint so plausibel, daß es keinen Grund gibt, ihm entgegenzutreten oder ihn anzuzweifeln.

Die Frage nach dem ›Qualifikationsziel‹ dieser Lebensschule, beantwortete Lessing ebenfalls auf interessante Weise: Das Ziel ist der freie Mensch, der moralisch, d.h. liebevoll handelt, aufgrund eigener Einsicht, die ihm seine Vernunft gibt. Jedes Erdenleben bedeutet einen Schritt auf diesem Weg, und jeder Mensch ist für die Verwirklichung dieses angestrebten Ideals mitverantwortlich.

Lessings Betrachtungsweise von Reinkarnation ist also außerordentlich optimistisch und lebensbejahend und so der buddhistischen Lehre vom ›Rad der Wiedergeburten‹ entgegengesetzt. Nach dieser Lehre will der ›Erleuchtete‹ den Menschen aus jenem Kreislauf befreien, aus Erbarmen gegenüber dem unsäglichen Leiden, das jede Verkörperung bedeutet: Den ausgeprägten Lebenswillen soll der Mensch durch Entsagung überwinden – ein Weg, den Buddha[81] gelehrt hat und auf dem er vorangegangen ist.

Der Hauptunterschied zwischen östlicher und westlicher Reinkarnationsauffassung liegt nicht sosehr in einer eher pessimistischen oder optimistischen Gesinnung als vielmehr in dem ganz anders gearteten Verhältnis zum menschlichen Ich.

Lessing, als Repräsentant des Abendlandes, geht davon aus, daß sich das menschliche Ich, der individuelle Kern jedes menschlichen Wesens, reinkarniert. In der buddhistischen Philosophie dagegen reinkarniert sich nur der ›Name‹ und die ›Form‹, d.h. nur eine niedere, ›verdunkelte‹ Abspiegelung des Ichs, während das Ich oder wahre Selbst in geistigen Höhen bleibt. Der Mensch hat den Auftrag, sich auf der Erde durch Übung und Entsagung ein neues Wissen, ohne Beeinträchtigung durch Irrtümer, zu erwerben. Indem die Seele um die Ursache der Verfinsterung weiß, befreit sie sich von ihrer Verdammung zur Wiederverkörperung, und der Mensch erlangt wiederum die helle Reinheit seines ursprünglichen göttlichen Selbst.

Die östliche und westliche Betrachtungsweise, die sich durch ihre jeweilige Anschauung des geistigen Ich-Wesens voneinander unterscheiden, haben nicht nur eine andere Auffassung von Reinkarnation, sondern auch von Karma. Erst Rudolf Steiner hat eine westliche Karmalehre eingeführt. Bei Lessing nämlich, soweit man es aus seiner *Erziehung des Menschengeschlechts* schließen kann, fehlt der Karmabegriff völlig.

Die wichtigste Aufgabe Rudolf Steiners bestand darin, die Geheimnisse des Karmas soweit wie möglich dem Bewußtsein der heutigen Menschen zugänglich zu machen. Dennoch beschäftigte er sich im größten Teil seiner Bücher und Vorträge nicht unmittelbar mit der Karmaforschung. Es mußte noch sehr viel Vorarbeit geleistet werden, um überhaupt einen Boden für die Karmawissenschaft zu schaffen. Nach Jahrzehnten der Vorbereitung auf philosophischem und naturwissenschaftlichem Gebiet begann Rudolf Steiner 1902 mit seiner geisteswissenschaftlichen Arbeit. Er stellte seine geistigen Forschungsergebnisse zunächst in den Dienst der theosophischen Bewegung, obwohl, wie bereits erwähnt, sein geistiger Weg ein vollkommen anderer war als derjenige der damaligen theosophischen Führung. Er erhoffte sich, durch seinen Beitrag die Theosophie, wenigstens in Europa, in ihrer ursprünglichen, noch nicht einseitig ›indischen‹ Form wiederherzustellen und durch neue Impulse, diese Bewegung mit einem erneuerten, nicht-kirchlichen Christentum zu verbinden.

Durch intensives Studium der Philosophie und der Naturwissenschaften hatte er sich auf diesen Gebieten ein souveränes Wissen und Können angeeignet. Gleichzeitig gelang es ihm, die ihm angeborenen hellseherischen Fähigkeiten zur exakten Clairvoyance umzuwandeln. Er war auf dem Einweihungspfad aus eigener Kraft (also nicht anhand theosophischer Quellen) bereits sehr weit fortgeschritten und war davon überzeugt, daß wichtige Teile der ›okkulten‹ Wissenschaft, die die ›Wissenden‹ von je her dem großen Publikum vorenthielten, bekanntgemacht werden müßten. Der Grund dafür lag in der Notwendigkeit, dem immer mehr um sich greifenden Materialismus mit einer neuen Spiritualität entgegenzutreten. Geschähe dies nicht, dann würden in der westlichen Kultur die negativen Kräfte zu immer weiterem moralischen Verfall, zu Desintegration und Barbarei führen. Der erste Gedanke, mit dem sich die Menschen deshalb anfreunden sollten, war, nach Steiner, der Gedanke von Reinkarnation und Karma.

Als Rudolf Steiner 1902 in Berlin seine Antrittsrede als neuer Generalsekretär der deutschen Sektion der theosophischen Gesellschaft den »Karma-Übungen« widmen wollte, das heißt, als er den Menschen sogleich erste Anweisungen geben wollte, wie sie zu der Realität von Karma und Reinkarnation vordringen könnten, wurde er an diesem Vorhaben von seiten der führenden Theosophen in Deutschland gehindert. Das vorgeschlagene Thema war für sie zu esoterisch; sie hatten einfach Angst vor dem Neuen.

Man stelle sich einmal vor: Es übernimmt jemand die Aufgabe, als erster den westlichen Menschen »Karma-Offenbarungen« nahezubringen, und zwar aufgrund geistiger Forschung und konkreter Erfahrungen in übersinnlichen Welten. Es stellt sich nun aber heraus, daß die Menschen noch nicht bereit sind, darauf einzugehen. – In eben dieser Lage befand sich Rudolf Steiner damals.

Und nun, ein Jahrhundert später: Tausende von Menschen beschäftigen sich mit der Frage der Reinkarnation. Die Bereitschaft, auf karmische Fragen einzugehen, scheint grenzenlos. Der Mensch aber, der darüber am meisten zu sagen hat, wird nur selten gehört, und in einer grundlegenden Schrift über dieses Thema von ten Dam wird er als »gnostisch abstrakter Theoretiker« abgetan und im Literaturverzeichnis bekommt er die Beurteilung »schwach«.

Ich werde versuchen, die Karmawissenschaft Rudolf Steiners als die Frucht von Forschungen und konkreten geistigen Erfahrungen zu schildern, und ich werde dabei nach der Methode vorgehen, die Steiner selbst angewandt hat. Diese Methode besteht darin, daß erst der Kernbegriff dargelegt und dann über Erfahrungen und Schulungswege gesprochen wird.

In dem theosophischen Kreis wollte Steiner seinerzeit bei der Erfahrung ansetzen; als er dabei jedoch auf Widerstand stieß, fing er an, die ›theoretische Seite‹ zu beleuchten. Das hat nun den Vorteil, daß man genau weiß, was der Begriff »Karma« im anthroposophischen Zusammenhang bedeutet, und daß man eventuelle eigene Erfahrungen, die man auf anderen Wegen erworben hat, hiermit vergleichen kann. Rudolf Steiner führte den Karmabegriff in drei Phasen ein, zwischen denen jeweils einige Jahre lagen. In diesen Zwischenperioden stellte er in Vorträgen und in den sogenannten Mysteriendramen zahllose praktische Aspekte von Reinkarnation und Karma dar.

1903 erschienen zunächst zwei Artikel von seiner Hand in der von ihm herausgegebenen Zeitschrift *Luzifer*[82]: *Reinkarnation und Karma, vom Standpunkte der modernen Naturwissenschaft notwendige Vorstellungen* (Oktober/November 1903) und *Wie Karma wirkt* (Dezember 1903). 1904 behandelte er dasselbe Thema in der *Theosophie*[83] in dem Kapitel: *Wiederverkörperung des Geistes und Schicksal (Reinkarnation und Karma)*. Die Reinkarnation als Wiederverkörperung des menschlichen Geistes wird hier als die konsequente Fortsetzung des Evolutionsgedankens betrachtet, wie er im 19. Jahrhundert von Lamarck[84], Darwin und Haeckel entwickelt wurde. Obwohl diese Auseinandersetzung in Form einer rein logischen Betrachtungsweise der Reinkarnationsfrage höchst interessant und erhellend ist, werde ich sie hier nicht weiter behandeln, sondern jetzt den Karmabegriff einführen.

In dem Aufsatz *Wie Karma wirkt* verweist Steiner auf die Analogie zwischen Schlaf und Tod. Sie ist nicht bloß der Anlaß zu einem hübschen Vergleich; in ihr erkennt Steiner vielmehr den engen Zusammenhang, der in einer tiefen Realität gründet. Jede Nacht versinkt der Mensch in einen Zustand des Unbewußtseins; am nächsten Tag aber knüpft er mühelos an die gestrigen bewußten Tageserlebnisse an. Er muß dasjenige wieder aufnehmen, mit dem er vor dem Zubettgehen beschäftigt war. Beim Erwachen findet er jeweils bestimmte Verhältnisse vor, die dieses Anknüpfen möglich machen. Vor dem Schlafengehen hat er bewußt gehandelt; die Folgen seiner Tätigkeit wirken in der Zukunft weiter, und mit ihnen bleibt er verbunden. Seine gestrigen Taten sind sein Schicksal von heute.

Dinge, die er heute falsch gemacht hat, macht er morgen vielleicht besser, weil er abends vor dem Schlafengehen über Fehler und Irrtümer nachgedacht hat, die ihm während des Tages unterlaufen sind. Aus seinen Erfahrungen lernt er, so daß er nun, indem er den gleichen Fehler vermeidet, einen Schritt vorwärts machen kann. Über Nacht hat er sich ein wenig geändert, und er kehrt ein wenig fähiger und geschickter in den Tag zurück. Seine Erfahrungen von gestern bilden heute seine Fähigkeiten.

Der stetige Wechsel von Wachen und Schlafen, von Tag und Nacht gibt uns ein Bild der aufeinanderfolgenden Erdenleben. Es zeigt uns, daß wir uns durch unsere Taten in die Welt einbringen und für uns selbst Voraussetzungen schaffen, die unsere Zukunft bestimmen. Und das gilt nicht nur für die bewußten Taten der Menschen. Rudolf Steiner nennt in diesem Zusammenhang das Beispiel einer bestimmten Tierart, die, seit sie in dunklen Felsenhöhlen lebt, ihr Sehvermögen verloren hat und nun nur noch in dieser Finsternis leben kann. Dieses Verbundensein eines Wesens mit den Folgen seiner Taten macht den Kern des Karmagesetzes aus, das überall in der Welt herrscht.

Eine eingehendere Betrachtung des Schlafvorgangs kann noch weitere wichtige Tatsachen ans Licht bringen: Im Zustand des traumlosen Schlafes besteht eine Trennung zwischen dem Teil des Menschen, der im Bett liegt – dem körperlich-lebendigen Leib –, und dem Teil, den wir unseren geistig-seelischen oder inneren Teil nennen können, der während des Schlafes den Leib nicht durchdringt. Erst wenn beim Erwachen diese geistig-psychische Komponente von neuem in den Leib einzieht, wird der Mensch sich wieder der Welt bewußt. In dieser Welt führt er Handlungen aus, die von der Vernunft bestimmt werden. Hierbei ist er Gesetzmäßigkeiten einer ganz anderen Ordnung unterworfen als derjenigen, die im schlafenden Körper die Aktivitäten bestimmen. Er hat es mit zwei ganz verschiedenen Welten zu tun. Die Gesetze des bewußten Handelns sind in hohem Maße von der Logik bestimmt; sie macht seine Taten zu vernünftigen Handlungen. Auch wenn sein Handeln durch Emotionen oder Begierden ausgelöst wurde, wird sein Denk- und Vorstellungsvermögen darin doch eine gewisse Ordnung schaffen. Die Gesetze, die die Stoffwechselprozesse in dem schlafenden Leib beherrschen, sind die Gesetzmäßigkeiten der organischen Chemie. Wie können diese zwei verschiedenen Welten zusammenarbeiten, um z.B. eine bewußte Handlung auszuführen, bei der ein Mensch doch seinen Körper braucht? Wie kann das geistige Prinzip der Logik sich mittels chemischer Prozesse in seinem Blut und seinen Muskeln verwirklichen?

Wir können dieses Rätsel auch anders formulieren: Wie kann ein geistiges Wesen (Träger von Ideen, Logik, moralischen Idealen und ästhetischen Bestrebungen) sich jeden Morgen von neuem mit einem Stofflich-Physischen, mit einem physiologisch funktionierenden Kräftekomplex verbinden, den wir Körper nennen, und diesen wiederum in Besitz nehmen? Das wird durch die Anwesenheit einer dritten verbindenden Kraft zwischen diesen zwei Extremen möglich gemacht: der Seele.

Wenn wir aufwachen, knüpfen wir an die Erlebnisse und Verhältnisse des gestrigen Tages und der weiter zurückliegenden Tage an. Das vermögen wir, weil es etwas gibt, das alles Erlebte bewahrt, auch wenn während des Schlafes unser Bewußtsein unterbrochen wird. Das nennen wir das Gedächtnis. Daß wir ein Gedächtnis haben, daß wir uns überhaupt an etwas erinnern können, haben wir der vermittelnden Funktion der Seele zu verdanken.

Das Gedächtnis bindet unser logisches Handeln von gestern an das logische Handeln von heute und dieses wiederum an das logische Handeln von morgen. Diese Verbindung wird nicht von der Logik geleistet. Jemand, der sein Gedächtnis verloren hat, kann jeden Morgen eine vollkommen logische Handlung ausführen, die aber steht in keinerlei Beziehung zu seinem logischen Handeln der vergangenen Tage. Der Zusammenhang innerhalb unseres Lebenslaufes wird durch das Gedächtnis gewahrt, und die Fähigkeit zur Erinnerungsbildung und zur Wiederbelebung der Erinnerung ist eine Eigenschaft der menschlichen Seele. Die Seele ist der Vermittler zwischen gestern, heute und morgen, zwischen Ursachen und Wirkungen, die den menschlichen Werdegang oder seine Biographie bestimmen.

Die Seele aber – ich beziehe mich hier auf die Ausführungen von F. W. Zeylmans van Emmichoven in seinem Werk *Die menschliche Seele*[85] – verbindet nicht nur horizontal den geistigen Menschen von Tag zu Tag mit seiner Körperlichkeit, auch im vertikalen Sinn erfüllt sie diese Vermittlungsaufgabe. Der menschliche Geist oder das Ich kann nur deshalb in einem irdischen Körper wohnen und arbeiten, weil die Seele ›oben‹ und ›unten‹ in eine Wechselbeziehung bringt. Die Seele hat Teil an den ewigen Werten des Geistes: Wahrheit, Schönheit und das moralisch Gute. Sie wirkt aber auch unmittelbar bis in die organischen Prozesse des Körpers hinein, indem sie die Lebenskräfte dirigiert, deren Ausdruck die organischen Prozesse sind. Sie hält unter anderem die Erfahrungen unseres irdischen Daseins als Abdrücke in dem Lebens- oder Ätherorganismus fest. Sie hat kein ›Kästchen‹, in dem sie Vorstellungsbilder aufbewahrt. Vielmehr ist jedes Erinnerungsbild eine aufs neue gestaltete Vorstellung, die die Seele mittels ihres Erinnerungsvermögens aus dem Sammelbecken der Eindrücke schöpft, welche auf die eine oder andere Weise im Lebensorganismus des Menschen bewahrt werden.

Wenn wir davon ausgehen, daß der Schlaf uns ein wahres Sinnbild des Todes gibt, und wenn wir wissen, daß das Verbindende im stetigen Wechsel von Wachen und Schlafen durch die Seele geschaffen wird, dann können wir auch davon ausgehen, daß sie die gleiche Rolle im Wechsel von Leben und Tod spielt. Genau wie das Gedächtnis als Eigenschaft der Seele den Bezug zwischen den aufeinanderfolgenden Tagen unseres Lebens gewährleistet, muß es auch ein Verbindungsglied, eine Art Gedächtnis zwischen den aufeinanderfolgenden Leben innerhalb des Gesamtkonzepts unseres Menschseins geben. Eben diese Aufgabe übernimmt das Karma oder Lebensschicksal, und, nach der von Steiner und Zeylmans entwickelten Psychologie, dürfen wir die Seele als Trägerin dieses Verbindungsfadens von einem Leben zum anderen betrachten.

Ist die Seele also selbst das kontinuierliche Element in den sich stetig wiederholenden Verkörperungen? Das würde doch dem, was oben über das menschliche Ich ausgeführt wurde, widersprechen.

Wir müssen uns das folgendermaßen vorstellen: Die Erfahrungen, die der Mensch während seines irdischen Lebens mit Hilfe des physischen Instruments seines Körpers sammelt – dazu gehören auch die eigenen bewußten Handlungen –, werden von der Seele

(Gedächtnis) aufbewahrt und an den Geistträger (Ich) weitergereicht. Während des Daseins zwischen zwei Inkarnationen trägt das Ich einen Extrakt aus diesen Erfahrungen mit sich. Daraus besteht dann der Schicksalsträger des nächsten Lebens. In einer ersten Reihe von Vorträgen über dieses Thema nennt Rudolf Steiner diesen Verursacher des Schicksals den »Kausalkörper«[86]. Das Wort »Körper« muß hier natürlich im übertragenen Sinn verstanden werden. Nach jeder Inkarnation wird dieser Kausalkörper, dieser ›Schicksalsauslöser‹ mit dem Extrakt der neuen Lebenserfahrungen bereichert.

Der Ich-Geist, mit dem Kausalkörper verbunden, fügt während jeder Reinkarnation mit Hilfe der Seele das karmische ›Paket‹ in den neuen irdischen Organismus ein – auch in den Seelenorganismus. Eigentlich ist es das Ich, das den Schicksalsfaden spinnt und das Schicksalsgewebe webt, aber die Seele sorgt dafür, daß Material zum Spinnen und Weben zur Verfügung steht.

Mit diesem letzten Schritt in unseren Betrachtungen über die Analogie zwischen Schlaf und Tod im Zusammenhang mit dem Karma haben wir uns schon über die bloße Erläuterung des Karmabegriffes hinausgewagt. Die Ausführungen zur Rolle der menschlichen Seele beim Zustandekommen des Schicksals waren notwendig, um den Begriff noch deutlicher zu umreißen und um eine Grundlage zur Klärung des Verhältnisses von Steiners Karmalehre zu den im vorigen Kapitel beschriebenen Rückführungserfahrungen zu schaffen.

1910 hielt Rudolf Steiner einen Vortragszyklus, der sich ausschließlich mit Karma beschäftigte. Hier führt er seine bisherigen Betrachtungen weiter aus. Im ersten Vortrag dieser Reihe, die den Titel *Die Offenbarungen des Karma*[87] trägt, bringt er als Auftakt zur Darstellung des Karmabegriffes ein ganz anderes Bild als sieben Jahre zuvor in dem Zeitschriftenaufsatz *Wie Karma wirkt* – nämlich das Bild des Bogens. Wenn mit einem Bogen ein Pfeil abgeschossen wird, kehrt der gespannte Bogen mit Kraft zum entspannten Zustand zurück. Der Pfeilschuß ist die Wirkung, die durch das Spannen und Entspannen des Bogens verursacht wird: Hier geht es um eine rein mechanische Kausalität, die nichts mit

Karma zu tun hat. Durch das fortwährende Spannen des Bogens und das Entspannen beim Schießen, verliert das Bogenholz seine Spannkraft. Die durch den Bogen hervorgerufene Wirkung fällt auf den Bogen selbst zurück. Das könnte ein gutes Bild für die Karmawirkung sein, jedoch müßte dann noch eine Bedingung erfüllt sein, die beim Bogen allerdings nicht gegeben ist. Denn nur, wenn die verursachende Kraft auf das Ding zurückfällt, das sie ausübt, und dieses Ding dabei es selbst, also in einem gewissen Sinn unverändert bleibt, kann wirklich von Karma die Rede sein. Das ist beim Bogen nicht der Fall, denn da nach intensivem Gebrauch die Spannkraft des Holzes abnimmt, ist der Bogen schließlich nach Art und Bestimmung nicht mehr derselbe Bogen, auch wenn er äußerlich noch so aussieht wie zuvor: Er ist nicht länger mehr ein Bogen, der zum Schießen geeignet wäre.

»Wir dürfen erst von einem Karma sprechen, wenn die Wirkung, die auf das Wesen zurückschlägt, beim Zurückschlagen auf dasselbe Wesen trifft, oder wenn das Wesen wenigstens in einem gewissen Sinne dasselbe geblieben ist.« – So Rudolf Steiner in dem genannten Vortragszyklus.

Noch sind wir nicht am Ziel, denn noch eines ist zu bedenken: Solange die zurückschlagende Wirkung zum gleichen Zeitpunkt wie die Verursachung stattfindet, dürfen wir nicht von Karma sprechen. Denn solange das der Fall ist, wird das Wesen, das Verursacher ist, die zurückschlagende Wirkung überblicken können und sie sofort hervorbringen wollen, wenn das von Vorteil wäre. Man könnte dann absichtlich etwas tun wollen, um eine gewünschte zurückschlagende Wirkung zu erzielen. Auch in diesem Fall kann von Karma nicht die Rede sein. Wenn wir es wirklich mit Karma zu tun haben, ist zwischen Ursache und Wirkung keine Absicht im Spiel. Zwischen Ursache und Wirkung muß zwar eine Beziehung bestehen, aber sie darf nicht in der Intention des Verursachers liegen. Der vorhandene Zusammenhang muß sich in dem Augenblick, in dem die Wirkung erzeugt wird, dem Bewußtsein des Verursachers entziehen, so daß von keiner Absicht die Rede sein kann. Das bedeutet, daß der Zusammenhang zwischen Ursache und Wirkung einer bestimmten Gesetzmäßigkeit unterliegen muß, die die subjektive Intention des Verursachers übersteigt.

Steiner wollte mit dem genannten Gleichnis betonen, daß man Karma-Offenbarungen nur dann auf eine gesunde Weise aufnehmen und verarbeiten kann, wenn man zuerst Schritt für Schritt das Ganze gedanklich durchdrungen und die entsprechenden Begriffe deutlich umrissen hat.

Erst in der letzten Phase seiner Karmamitteilungen trägt Rudolf Steiner seine Einsichten und Erfahrungen in voller Tragweite vor. Als moderner Eingeweihter sah er es als seine Aufgabe an, die verborgenen Erkenntnisse über das menschliche Schicksal der Öffentlichkeit zugänglich zu machen. Die Vorträge über dieses Thema mit dem Titel *Esoterische Betrachtungen karmischer Zusammenhänge*[88] hielt er 1924 in verschiedenen Städten Europas (Dornach, Paris, London, Breslau, Arnheim, Torquay, Bern, Zürich und Stuttgart). Diese insgesamt einundachtzig Vorträge füllen sechs Bände der Gesamtausgabe. Der erste Teil umfaßt zwölf Vorträge: Die ersten sechs beschäftigen sich mit der Grundlage der Karmawissenschaft und die letzten sechs mit Beispielen von Persönlichkeiten, deren Inkarnationen – meistens nicht mehr als zwei – beschrieben werden. Der Zusammenhang zwischen den beschriebenen aufeinanderfolgenden Erdenleben illustriert die vorausgeschickten allgemeinen Gesichtspunkte über Karma.

Obwohl Steiner in erster Linie diese allgemeinen Betrachtungen an Hand von Beobachtungen und gedanklichen Auseinandersetzungen entwickelt, die für das gewöhnliche Denken noch gewissermaßen nachvollziehbar sind, nehmen sie ziemlich bald den Charakter von esoterischen Erläuterungen an, das heißt, daß der Zuhörer mit seinem Denken in übersinnliche Welten hineingeführt wird. Wer in die Wirklichkeit karmischer Zusammenhänge eindringen will, muß diesen Schritt tun.

Im nächsten Kapitel möchte ich von der eher rationalen Betrachtungsweise zu den direkten Mitteilungen aus Rudolf Steiners esoterischer Wissenschaft übergehen. Der Leser wird sich dabei auf eine andere Anschauungsweise einstellen müssen.

# Karmaforschung
## als esoterische Wissenschaft

Die esoterische Wissenschaft, die Rudolf Steiner unter dem Namen
»Anthroposophie« eingeführt hat, beruht wie jede moderne Wissenschaft auf Beobachtung und Denken. Auch wenn es sich hier
um Beobachtungen mit Hilfe von höheren Wahrnehmungsorganen
handelt – jeder Mensch besitzt solche, doch meist sind sie noch
nicht tätig geworden –, gibt es immer Verbindungen mit den gewöhnlichen sinnlichen Erfahrungen. Das Denken, dessen wir uns
bedienen, ist für alle Ebenen der Wahrnehmung das gleiche. Für die
weiteren Ausführungen kommt es darauf an, eine gewisse Beweglichkeit im Denken zu entwickeln, die der Vernunftlogik aus ihrer
Beschränkung hilft, ohne die Logik je aufzugeben.

In der großen Reihe von Vortragszyklen aus dem Jahre 1924 geht
Rudolf Steiner bei der Einführung des Karmabegriffs vom Kausali-
tätsprinzip aus und stellt dar, wie wir auf der Erde mit den vier
Erscheinungsformen dieses Prinzips zu tun haben. In jedem Naturreich herrscht nämlich eine andere Kausalität vor.

In der anorganischen oder mineralischen Welt z.B. können wir
das Gesetz von Ursache und Wirkung am Beispiel der Billardkugel
studieren: Die Billardkugel wird gestoßen und gerät in Folge des
verursachenden Stoßes in eine rollende Bewegung. Ursache und
Wirkung treten hier unmittelbar zusammen auf. Dieser Prozeß
spielt sich in der physischen Welt ab. Das kann man in der ganzen
›toten Natur‹ beobachten: Sehen wir in diesem Naturreich Wirkungen, dann müssen die Ursachen immer im selben Bereich und

im selben Moment anzutreffen sein. Das anorganische oder mineralische Naturreich besitzt eine deutliche Geschlossenheit in sich.

Schauen wir uns nun den lebendigen physischen Körper an, dann sind alle darin wahrgenommenen Wirkungen Folgen von Ursachen, die nicht rein anorganischen (physikalischen oder chemischen) Gesetzmäßigkeiten unterliegen.

Wenn durch den Tod Leben und Beseelung aus dem Körper gewichen sind, bleibt nur der Leichnam zurück; er ist nun ausschließlich den Kräften der Chemie und Physik ausgesetzt. Diese Kräfte belassen den toten Körper nicht in seiner Gestalt, wie das z.B. beim Kristall der Fall ist. In Folge des Todes wird der menschliche Körper abgelegt; er zerfällt und wird zu Staub. Es gibt keine wirkliche Verbindung zwischen der ›toten Natur‹ außerhalb des Menschen und demjenigen, was als physisch-stofflicher Überrest nach dem Tod auf der Erde zurückbleibt. Diese Feststellung ist wichtig, denn mit ihr hängt unsere Freiheit auf der Erde zusammen, wie wir später noch darlegen werden.

Unser Verhältnis zum Pflanzenreich gestaltet sich anders. Die Ursachen der Lebenstätigkeiten in einer Pflanze sind nicht, wie die Einflüsse auf das Mineral, in derselben sichtbaren physischen Welt zu finden, in der sich die entsprechenden Wirkungen abspielen. Die Wissenschaft sucht sie zwar hier, aber keines der verschiedenen molekularen Erklärungsmodelle ist wirklich befriedigend. Die lebendige Pflanze können wir nur begreifen, wenn wir die Ursache von Wachstum und Blüte, Samenbildung und Keimung außerhalb der Erde, in den kosmischen Weltenweiten suchen.

Diese Ursachen haben ihren Ort nicht in der sichtbaren Erscheinungswelt. Wenn man mit seinen gewöhnlichen Wahrnehmungsmöglichkeiten zum Mond oder zur Sonne reisen würde, könnte man dort ebensowenig die verursachenden Kräfte der Pflanzenwelt sehen wie auf der Erde. Man muß ein andersartiges Bewußtsein entwickeln, um diese sogenannten Äther- oder Lebenskräfte[89] wahrnehmen zu können. Dieses andere Bewußtsein ist das imaginative Bewußtsein; mit ihm ist der Mensch imstande, das Überphysische oder Übersinnliche als Realität in Bildgestalt zu schauen.

Die Ätherwelt reicht tatsächlich bis in die Weiten des Kosmos, ihre Wirkungen aber treten hier und jetzt auf. Die Sonne muß heute scheinen, um die Frucht zum Reifen zu bringen, und nicht vor einem Jahr. Die Sonnenglut muß hier und jetzt die Früchte erwärmen, das kann sie nicht, während sie die Erdkugel allein von der anderen Seite anstrahlt.

Also auch im Pflanzenreich treten Ursache und Wirkung gleichzeitig auf. Die Ursachen liegen dabei aber nicht nur in der physischen, sondern auch in der übersinnlichen Welt. Im Menschen webt dieselbe Ätherwelt wie in der Pflanze; auch sprechen wir bei beiden von einem Lebens- oder Ätherleib und meinen damit einen Komplex von ätherischen Kräften, der zwar eine bestimmte Begrenzung hat, aber mit der ätherischen Welt, mit den kosmischen Fernen beständig in Verbindung steht. Nach dem Tod geht der menschliche Ätherleib sehr bald in die umgebende Ätherwelt ein. Man könnte hierbei fast von Gleichzeitigkeit sprechen, denn die wenigen Tage, die diese Auflösung in Wirklichkeit dauert, sind im ganzen Zeitverlauf des Menschendaseins kaum von Bedeutung. Das imaginative Bewußtsein kann diesen Prozeß verfolgen. Die Ätherkräfte des verstorbenen Menschen gehen dahin, wo die Pflanzen ihre Wachstumskräfte empfangen. Wir befinden uns noch in der Welt der Gleichzeitigkeit. Dieser Prozeß verläuft jedoch ganz anders als beim physischen Leichnam, der eigentlich mit der umgebenden anorganischen Welt keine Verbindung eingeht.

Mensch und Pflanze sind in verschiedener Hinsicht voneinander abhängig, denn auch der lebendige Mensch ist durch seine Atmung unmittelbar mit der Pflanze verbunden. Den Sauerstoff, den die Pflanze produziert, atmet er ein, während der Kohlenstoff, den er ausatmet, von den Grünpflanzen (zusammen mit dem ätherischen Licht) benutzt wird, um ihren Körper aufzubauen.

Diese gegenseitige Abhängigkeit zwischen Mensch und Pflanze, die mit der Welt der Lebens- und Wachstumskräfte zusammenhängt, findet ihre Parallele in einem bestimmten Aspekt des menschlichen Karma. Das Schicksal besteht nämlich nicht nur aus Begegnungen mit anderen Menschen und aus Ereignissen positiver und negativer Art. Schicksal oder Karma hängt auch mit der Art zusammen, in der man in seinem Körper steckt: Ist man z.B. dünn oder dick, lang oder kurz geraten, hat man eine Stupsnase oder Adlernase – das alles gehört zum Karma. ›Man kann nichts dafür‹, in dieser Hinsicht ist man nicht frei. Bisweilen wird die Art, ›wie man gewachsen ist‹, eine wichtige Rolle bei den Lebenserfahrungen spielen. Manchmal ist man sich dieses Einflusses nicht bewußt, dann wieder ist man sich völlig darüber im klaren. Diese Schicksalskomponente hat man der Wirkung der Äther- oder Lebenskräfte zu verdanken, die man, wie die Pflanzen, in sich trägt. Sie wird vor der Geburt in der Ätherwelt gebildet und in dem Inkarnationsstrom der Wachstumskräfte in den Ätherorganismus hineingewoben.

Ein wichtiger Gesichtspunkt in Steiners Karmalehre ist, daß die Gestaltung des Schicksals nicht von alleine wie eine Art natürlich-psychischer Mechanismus abläuft, sondern durch die Wirksamkeit von Wesen geistiger Art mit getragen wird, die sich auf einer höheren Entwicklungsstufe als der Mensch befinden und die sich nicht in stoffliche Körper inkarnieren. Unter diesen Wesen, die man »Begleiter« nennen könnte, gibt es ›höhere‹ und ›niedere‹, weit und weniger weit entwickelte. Es gibt unter ihnen also eine bestimmte hierarchische Ordnung.

Wir werden später noch ausführlicher auf diese Gestalten und Begleiter des Menschenschicksals zu sprechen kommen. Im Rahmen dieses Kapitels möchte ich mich mit dem Hinweis begnügen, daß dieselbe Hierarchie, die in den ätherischen Form- und Wachstumskräften des Pflanzenreichs ihre Wirksamkeit entfaltet, den Zug des menschlichen Karma, der mit den ätherischen Kräften zusammenhängt, gestaltet und begleitet.

Im Tierreich können wir eine dritte und wieder andere Form der Kausalität entdecken. Wir stellen fest, daß die Bewegungen, Empfindungen und Gefühle des Tieres nicht unmittelbar mit Ursachen in Verbindung gebracht werden können, die gleichzeitig entweder in der physischen oder in der übersinnlichen Welt wirksam sind. Wenn sich ein Tier z.B. plötzlich in Bewegung setzt, wird die Bewegung auf eine ganz andere Weise verursacht als bei der angestoßenen Billardkugel. Der Anlaß zur Bewegung, z.B. der Trieb, seine

Beute beschleichen und fassen zu wollen, ist zwar physischer Natur, und auch die Gleichzeitigkeit von Ursache und Wirkung bleibt gewahrt, aber die Bewegungen werden ›von innen heraus‹ durch die Art des betreffenden Tieres hervorgerufen, und dafür sind keine direkt wirkenden, chemisch-physikalischen oder ätherischen Ursachen zu finden. Letztere wirken im lebendigen Tier nur, insoweit sich der ›pflanzliche‹ Aspekt bei ihm geltend macht, oder im toten Tier, insoweit die anorganischen Gesetzmäßigkeiten zur Geltung kommen. Die Wirkungen aber, bei denen die typische Eigenart des Tierseins zum Ausdruck kommt – Bewegungen, Empfindungen und der ganze Bereich des Verhaltens –, werden nicht unmittelbar im zeitlich-räumlichen Hier und Jetzt verursacht. Sie werden vielmehr durch etwas bewirkt, das bereits lang im voraus im Wesen des Tieres angelegt ist.

Die Wissenschaft erklärt diese Art Ursächlichkeit mit dem Vererbungsprinzip. Das besondere Geartetsein des Tieres, das sich in seinen Verhaltensmustern und in den entsprechenden Lust- und Unlustgefühlen ausdrückt, wird von der Wissenschaft als erbliche Veranlagung in den Genen der Fortpflanzungszellen angesetzt. Rudolf Steiner aber deutet auf die, auch durch die gängige Wissenschaft anerkannte Tatsache hin, daß die befruchtete Eizelle sich zunächst in ein totales Chaos auflöst, so daß die komplizierte spezialisierte stoffliche Struktur verschwindet und damit in gewissem Sinn aufgehoben wird. Kein Affen- oder Bärenwesen ist mikroskopisch klein in den Molekülen der Zellen eingeschlossen, aus denen später ein kleines Äffchen mit seinem eigentümlichen Verhalten oder ein Bär mit seiner Bärenart hervorgeht. Am Anfang gibt es nichts Strukturiertes, nur Chaos.

Warum wächst dann aus diesem Chaos das eine Mal ein Bär und das andere Mal ein Affe? Die ganze kosmische Welt mit ihren astralen Kräften wirkt auf diesen Keim des Tieres ein. Die Erscheinung und Natur des Tieres, die die spezifischen Wirkungen erzeugen, die wir als das Verhaltensmuster einer bestimmten Tierart erkennen, werden zwar durch die Fortpflanzung übertragen, aber ihr Ursprung liegt in der kosmischen Welt, in den geistig-astralen Kräften, die tierbildend wirken.

Wenn wir die tierische Kausalität verstehen wollen, müssen wir uns gedanklich von der räumlich-physischen, aber auch räumlich-übersinnlichen (ätherischen) Unmittelbarkeit und Gleichzeitigkeit lösen und übergehen in eine Welt der strömenden Zeit. Bevor das Tier entstand, waren bereits bestimmte Kräfte am Werk; diese bewirkten, daß die tierischen Gefühle und Bewegungen sich heute im gegenwärtigen Exemplar der betreffenden Gattung manifestieren können.

Wir nennen die Welt, in der die tierbildenden Kräfte ihren Ursprung haben, die astrale Welt. Zu dieser astralen Welt kehrt der Mensch nach dem Tod zurück, nachdem er das ›Pflanzliche‹ in sich, seinen Ätherleib, mehr oder weniger gleichzeitig mit dem Sterbevorgang, der umgebenden Ätherwelt übergeben hat. Die Rückkehr in die astrale Welt allerdings dehnt sich über eine längere Zeit aus.

Was geht in diese astrale Welt zurück? Der Mensch trägt, ebenso wie das Tier, einen Seelenorganismus in sich. Dieses Gefüge von psychischen Kräften nennen wir Astralleib. Letzterer ist mit der Astralwelt verbunden, genau wie der Ätherleib mit der Ätherwelt.

Die tierbildenden astralen Kräfte wirken aus dem Kosmos heraus ebenso auf den Mensch wie auf das Tier. Die Kräfte, die beim Elefanten die Rüsselform oder beim Pelikan die Schnabelform hervorbringen, durchdringen in den geographischen Breiten, wo diese Tiere leben, ebenso die dort ansässigen Menschen. Dennoch bekommen diese keinen Rüssel oder Pelikanschnabel. Der Mensch wird nur deswegen kein Tier, weil er ein anderes Prinzip – das Ich – in seiner Seele trägt, das ihn an einer höheren Welt als der astralen Anteil haben läßt. Dadurch wird seine Astralität und damit seine ganze physische Erscheinung anders als die des Tieres. Dennoch müssen wir einsehen, daß der Mensch, der in einem bestimmten Landstrich lebt, anhaltend unter dem Einfluß von den mit dieser Gegend verbundenen kosmischen, tierbildenden Kräften steht. Im Tierreich offenbaren sich diese Kräfte in der unendlichen Vielfalt der einheimischen Tierarten; in der menschlichen Seele aber offenbaren sie sich als Sympathien und Antipathien.

Die Gesamtheit der Sympathien und Antipathien, die jedem Menschen innewohnen, ja mit denen er geboren wird, bilden einen zweiten äußerst wichtigen Bestandteil des Karma. Überlegen Sie einmal, was Sie nicht alles an Neigungen und Abneigungen in sich spüren. Manchmal sind Sie sich dieser Tendenzen gar nicht so deutlich bewußt, aber gerade dadurch beherrschen sie noch stärker Ihr Tun und Lassen. Eine unabsehbare Menge feiner oder tiefer Sympathie- und Antipathiegefühle veranlassen uns, den ganzen Tag Handlungen auszuführen, die durch irrationale Anziehung und Abstoßung bestimmt werden: Wir bevorzugen eine bestimmte Farbe oder Blumenart, bestimmte Beschäftigungen oder Hobbys, wir haben eine Vorliebe für blonde oder dunkle Typen sowie eine Abneigung gegen bestimmte Musik, gegen Insekten, einzelne Speisen oder was auch immer.

Dieses Schicksalselement tragen wir mit uns als Folge von Taten und Neigungen aus vorigen Erdenleben, aber die Umarbeitung dieser Folgeerscheinungen zu unserer gegenwärtigen Seelenstruktur geschieht in der astralen Welt, aus der heraus das Tierreich ›dirigiert‹ wird. In den astralen Sphären wirken die hierarchischen Wesen, die sowohl an der Verwirklichung des zweiten Bestandteils unseres Karma als auch an den Formschöpfungen des Tierreiches arbeiten. Diese Wesenheiten sind von einer höheren Ordnung als diejenige Hierarchie, deren Wirkungsweise sich auf die Pflanzen und die erste, nämlich ätherische Schicksalskomponente des Menschen erstreckt.

Im Menschenreich schließlich müssen wir die Kausalität in Verbindung mit dem typisch Menschlichen in uns sehen. Das ist weder der stoffliche Teil, den der Mensch mit sich trägt, den er beim Sterben ablegt und der danach allmählich zerfällt, noch der pflanzliche Teil, der mit den Lebensprozessen im physischen Körper zusammenhängt, und auch nicht die psychisch-astrale Komponente, die ihn mit dem Tierreich verbindet. Der spezifisch menschliche Bestandteil ist die individuelle Entität, die wir das »Ich« nennen und die wir innerlich als unsere tiefste, absolute Eigenheit erleben.

Wir können uns dem Ich am besten nähern, indem wir den Lebenslauf, die Biographie des Menschen anschauen. Diese wird vor allem durch seine Begegnungen und die Ereignisse bestimmt, die er gemeinsam mit anderen durchlebt. Die zwei Schicksalsglieder, die wir bereits kennengelernt haben – der Komplex unseres ›Wachstumsmusters‹ und die Gesamtheit unserer Sympathien und Antipathien –, bilden das mehr oder weniger unbewußte Fundament unseres Daseins und die halbbewußten Triebfedern, die zur Verwirklichung menschlicher Kontakte und Beziehungen beitragen. In diesen zwischenmenschlichen Beziehungen erfahren wir das menschliche Schicksal am stärksten. Hier stoßen wir auf die charakteristische Kausalitätsfrage in bezug auf den Menschen: Welche Ursachen haben solche Schicksalsbegegnungen zur Folge?

Wir wissen ganz deutlich, daß wir keine unmittelbare Ursache angeben können. Selbstverständlich ist hier von echten, tiefen Begegnungen die Rede und nicht von einem äußerlichen physischen Zusammentreffen oder einer flüchtigen Berührung. Oft sprechen wir aus Unwissenheit von »Zufall«. Tatsächlich könnte man von außen gesehen, aus einer bestimmten ›Undurchsichtigkeit‹ heraus, meinen, daß Begegnungen und Begebenheiten uns ›zufallen‹. Wir sind ja nicht aus einem bewußten inneren Impuls dort hingegangen, wo wir den Menschen getroffen haben, der einen entscheidenden Einfluß auf unser Leben haben wird. Im nachhinein kann man versuchen herauszufinden, wie eine solche Begegnung zustande kam, dabei wird man immer wieder feststellen, daß von einer direkten Ursächlichkeit nicht die Rede sein kann. Der andere, dem man begegnet, ist ganz andere Lebenspfade gegangen, und auch bei ihm findet man keinen direkt erkennbaren Grund, der zu diesem Begegnungsschritt hätte führen können.

Beim Anstoßen einer Billardkugel ist die Ursache-Wirkungskette durchsichtig: Die Richtung und die Kraft des Stoßes, die Beweglichkeit der Kugel und vielleicht auch noch einige andere physikalische Besonderheiten ermöglichen es uns, die Art der rollenden Bewegung vorauszusagen. Denn hier herrscht eine Gesetzmäßigkeit, gemäß der Eigenschaften des Stoffes und der Mechanik der Stoßbewegung. So verhält es sich auch beim Pflanzenwachstum, das zwar von übersinnlichen (ätherischen) Kräften, die wir nicht unmittelbar sehen können, bestimmt wird; aber auch hier sind die Prozesse in ihrem Ablauf voraussagbar, denn auch hier sind erkennbare Gesetzmäßigkeiten wirksam.

Für das Verhalten des Tieres gilt das gleiche. Obwohl die Ursache weit weg in den Sternenkonstellationen liegt, die vor dem Dasein des betreffenden Tierexemplars bereits wirksam waren, können wir doch das Verhalten aufgrund der an die Gattung gebundenen Gesetzmäßigkeit voraussagen, die bewirkt, daß das Tier immer auf die gleiche Weise reagiert.

Beim Menschen sieht das ganz anders aus. Wenn die Ursachen der menschlichen Begegnungen undurchschaubar sind, kann man auch ihre Folgen nicht voraussagen, weil man die kausale Gesetzmäßigkeit nicht durchschaut. Man muß erst den Ursachen auf die Spur kommen. Sie sind nicht gleichzeitig und im physischen Raum anwesend wie bei der angestoßenen Billardkugel. Sie sind auch nicht in den kosmischen Ätherwelten zu finden, wie bei der Pflanze, bei der zwar die Ursache von Wachstum und Blühen aus weiten Fernen (aus dem Kosmos) wirkt, bei der aber Ursache und Wirkung immer noch gleichzeitig auftreten. Auch im astralen Bereich wird man sie nicht entdecken können, denn da ist ja die Kausalität wirksam, die die Schicksalskomponente der Sympathien und Antipathien gestaltet. Wo kommt der hier in Betracht kommende dritte Karmabestandteil der Begegnungen und Geschehnisse dann her?

Zunächst will ich noch einmal kurz die Kausalität jedes Naturreiches schematisch darstellen:

Anorganisches oder Mineralreich:
Gleichzeitigkeit von Ursache und Wirkung
Ursache in der physisch-räumlichen Welt
Wirkung in der physischen Welt

Pflanzenreich:
Gleichzeitigkeit von Ursache und Wirkung
Ursache in der übersinnlichen Welt
Wirkung in der physischen Welt

Tierreich:
Ungleichzeitigkeit von Ursache und Wirkung
Ursache in der übersinnlichen Welt
Wirkung in der physischen Welt

Im anorganischen Reich bleiben wir am selben Ort: Unser Denken braucht nicht in Bewegung zu kommen. Beim Pflanzenreich müssen wir unser Denken in die Weltenräume hinausschicken. Man könnte meinen, dieser kosmische Raum sei unendlich, aber dem ist nicht so. Wenn man sich weit genug in die Raumeswelt begibt, kommt man an eine Grenze; da wendet sich z.B. das in den Weltenraum ausgestrahlte Licht und wirkt in verwandelter Form zurück. Naturwissenschaftliche Forschungen haben zu dieser Anschauung geführt.

Da, wo der Weltenraum an ein Ende kommt, findet man die ätherische, übersinnliche Sphäre. Kosmische Qualitäten, die in Licht und Wärme wirken, haben hier ihren Ursprung. In gewisser Hinsicht sind diese Welten ›weit weg‹; sie sind aber zugleich auch auf der Erde wirksam.

Um die Kausalität im Tierreich und den dazugehörigen zweiten Bestandteil unseres Karma zu begreifen, müssen Sie ihr Denken nicht nur bis an die Grenzen der Weltenräume bewegen, sondern es auch in der Zeit zurückgehen lassen. Hierbei verlassen Sie die räumliche Wirklichkeit und kommen in die sogenannten astralen Sphären. Von diesen Sphären ausgehend, dringen die verursachenden Kräfte bis in die physisch-räumliche Welt vor.

Jetzt müssen Sie sich noch weiter vorwagen, um auch die menschliche Kausalität zu erfassen. Weiter zurück in der Zeit? Abstrakt gedacht könnten Sie sich vielleicht auch in einer Unendlichkeit der Zeit bewegen, genau wie in einer abstrakt gedachten Unendlichkeit des Weltenraums. Die eine Annahme ist jedoch genauso falsch wie die andere. Wenn Sie ganz konkret in der Zeit zurückgehen, landen Sie wieder auf der Erde. Von der übersinnlichen Wirklichkeit aus tauchen Sie sozusagen wiederum in die physische Welt ein: Sie kommen in einem vorigen Leben auf der Erde an. Die Ursachen der menschlichen Kausalitätskette liegen jenseits der Zeit, nämlich in einer früheren irdischen Existenz, so daß wir unser Schema wie folgt ergänzen können:

Anorganisches oder Mineralreich:
Gleichzeitigkeit von Ursache und Wirkung
Ursache in der physisch-räumlichen Welt – Gegenwart
Wirkung in der physischen Welt – Gegenwart

Pflanzenreich:
Gleichzeitigkeit von Ursache und Wirkung
Ursache in der übersinnlichen Welt – Gegenwart
Wirkung in der physischen Welt – Gegenwart

Tierreich:
Ungleichzeitigkeit Ursache und Wirkung
Ursache in der übersinnlichen Welt – Vergangenheit
Wirkung in der physischen Welt – Gegenwart

Menschenreich:
Ungleichzeitigkeit von Ursache und Wirkung
Ursache in der physischen Welt – Vergangenheit
Wirkung in der physischen Welt – Gegenwart

Die Frage ist nun, ob an der Bildung des dritten Karmabestandteiles, der Ereignisse und Begegnungen, auch eine höhere Welt Anteil hat. Welche Wesenheiten sind wirksam, wenn die Taten aus dem einen Leben zu Geschehnissen des nächsten irdischen Daseins umgewandelt werden?

Wenn wir versuchen herauszufinden, wie die Fäden des Karma zu einem äußerst komplizierten Gewebe zusammengefügt sind, damit eine bestimmte Begegnung in diesem Moment und an dem Ort sich vollziehen kann, bekommen wir den Eindruck, daß hier Weisheit der höchsten Ordnung waltet. Keine menschliche ›Computervernunft‹ ist imstande, das Schicksal zu programmieren.

Der kausale Zusammenhang zwischen meinen jetzigen Begegnungen und den Taten und Gesinnungen aus der Vergangenheit – wie weit liegt wohl diese Vergangenheit hinter uns? – ist mir noch unergründlich. Ich kann nur mit Hilfe meines Denkens zu der Überlegung kommen, daß es eine Verbindung geben muß, und ich lese bei Rudolf Steiner, daß dieser dritte Bestandteil des Schicksals die Arbeit der höchsten Hierarchie ist, die an der Führung unseres Weltensystems beteiligt ist.

Innerhalb Steiners Lebenswerk bietet die dritte Einführung in die Karmafrage, wie sie hier zusammengefaßt wurde, eine viel tiefergehende methodische Betrachtung als die zwei vorangegangenen. Im folgenden seien Steiners Mitteilungen über dieses Thema ganz kurz in einem chronologischen Überblick zusammengefaßt:

1. Analogie Schlaf – Tod (1903-1904). Mit Hilfe rationaler Überlegungen wird die Kontinuität zwischen bewußt durchlebten Tagen und unbewußt durchlebten Nächten auf die Aufeinanderfolge irdischer Verkörperungen bezogen; das Gedächtnis als Funktion der Seele.

2. Gleichnis von Pfeil und Bogen (1910). Der Karmabegriff wird als eine Kraftwirkung definiert, die von einem Verursacher ausgeht und auch auf ihn selbst – er bleibt sich in gewisser Hinsicht selbst gleich – zurückwirkt. Von Karma kann nur die Rede sein, wenn die zurückschlagende Wirkung nicht gleichzeitig mit der Ursache stattfindet und die Kausalität frei von jeglicher Absicht ist.

3. Vierfache Kausalität (1924). Karma besteht aus drei Bestandteilen, die mit der Beziehung zwischen Mensch und Pflanze (Ätherleib), Mensch und Tier (Astralleib) und Mensch und Mitmensch (Ich) zu tun haben. In diesen drei Bestandteilen wirken geistige Wesen als Gestalter des Schicksals; in jedem Teil wirken Wesen einer anderen Rangordnung.

In der dritten Auseinandersetzung mit Karma wird der Freiheitsbegriff miteinbezogen. Die Verbindungen, die der Mensch mit den lebendigen Naturreichen eingeht, einschließlich des Menschenreichs, finden ihren Ausdruck in den genannten Schicksalsbestandteilen. Die Verbindung mit dem anorganischen Reich, mit der sogenannten toten Natur, ist allerdings kaum von Bestand. Die physisch-irdische Hülle bleibt innerhalb des anorganischen Reichs nicht erhalten. Und in der Nahrung ist die Menge der rein mineralischen Stoffe verschwindend gering im Vergleich mit dem Anteil pflanzlicher oder tierischer Herkunft.

Der Mensch geht keine echte Verbindung mit dem Mineralreich ein. Mit diesem Reich kommt er vor allem über seine Sinne in Berührung. Er gestaltet seine Sinneseindrücke zu Vorstellungen um; diese aber haben keinen zwingenden Einfluß: Sie lassen den

Menschen frei. Wenn bei einem Menschen seine Vorstellungen anfangen sich zu verselbständigen und Zwang auszuüben, also schließlich zu Zwangsvorstellungen werden, dann bedeutet das, daß ein Krankheitsprozeß das wahre Menschsein bedroht. Der gesunde Mensch ist in seiner Vorstellungs- und Begriffsbildung frei. Die Möglichkeit, freie Vorstellungen hervorzubringen, ist uns eben dadurch gegeben, daß wir keine zwingende Verbindung mit der anorganisch-stofflichen Welt eingehen. In dieser stofflichen Welt arbeiten keine der oben genannten hierarchischen Wesen mehr. Bereits vor Urzeiten haben sie sich daraus zurückgezogen, um den Menschen innerhalb des Eingebundenseins in sein Schicksal zur Freiheit gelangen zu lassen. Sie entfalten aber weiterhin ihre Wirksamkeit in der menschlichen Schicksalsgestaltung. Die mineralische Welt erinnert nur noch in ihrer Erscheinungsform an eine göttliche Wirksamkeit. Sie ist wie eine Muschel, die von einem ehemals darin lebenden Wesen zurückgelassen wurde und in der noch der Abdruck dieses Wesens sichtbar ist.»Werkwelt« nennt Steiner diese ›gott-verlassene‹ Welt, denn sie ist aus göttlichen Schöpfungstaten entstanden, sie ist Götterarbeit. In diesem Zusammenhang spricht er auch von der Welt als »göttlichem Leichnam«.

Bevor wir uns in die Bildung des Karma nach den Einsichten und Erfahrungen Steiners vertiefen wollen, möchte ich mich mit dem Problem der auftretenden Bewußtseinsveränderungen bei der Überschreitung der Grenzen von Geburt und Tod beschäftigen. Diese muß man passieren, wenn man von einem Leben ins andere hinüberwechselt.

# Grenzüberschreitung des Bewußtseins

Warum nun finden wir in der Regressionsliteratur solche Anschauungen wie die im vorigen Kapitel beschriebenen nicht vor? Die Regressionstherapie geht von anderen Prämissen aus. In der Fachliteratur und in Gesprächen, die ich über dieses Thema führte, zeigte sich deutlich, daß dabei dem *denkenden* Betrachten der Reinkarnations- und Karmafrage wenig Aufmerksamkeit geschenkt wird. Vorrangig geht es nämlich um eine besondere Methode, die zu direkten *Erfahrungen* führt. Diese Erfahrungen werden, wie bereits erwähnt, während eines Zustands der Bewußtseinsverschiebung gewonnen. Näheres darüber erfährt man nicht.

Die anthroposophische Annäherungsweise appelliert hingegen nachdrücklich an die Denkkraft und wird deswegen oft als abstrakt und theoretisch empfunden. Ich bin aber davon überzeugt, daß der Denkansatz unvermeidlich ist, wenn man sich auf diesem Gebiet nicht in Illusionen verlieren will. Man kann sich natürlich fragen, ob man unbedingt vom Denken ausgehen muß. Wer es bevorzugt, von den direkten Erfahrungen auszugehen, muß allerdings sehr aufmerksam sein und untersuchen, ob er bei seiner Methode nicht einer bestimmten Erwartungshaltung oder vorgefaßten Urteilen aufsitzt.

Daß die anthroposophische Karmawissenschaft bei ziemlich komplizierten Gedankengängen ansetzt, ist der allgemeinen Schulungsmethode zuzuschreiben, die die Anthroposophie anwendet, um mit seelischen und geistigen Welten in Verbindung zu treten. Das Erlangen eines Bewußtseins auf höheren Gebieten muß, aus anthroposophischer Sicht, auf Studium beruhen. Studieren bedeutet zuallererst das Aufnehmen von Inhalten aus einem wissenschaftlichen Bereich oder auch direkt aus dem ›Buch der Natur‹, und es bedeutet, diese Inhalte mit dem Denken zu erfassen.

Das Studium auf geisteswissenschaftlichem Gebiet kann in zwei Richtungen führen: Erstens lernt man das unbekannte Gebiet anhand von Beschreibungen anderer Forscher kennen, wie das bei jeder wissenschaftlichen Arbeit der Fall ist. Zweitens übt man das eigene Denkvermögen auf verschiedene Art. Es wird zum einen unbefangener, weil es sich Mitteilungen, die nicht unbedingt kontrollierbar oder zumindest ungewohnt und überraschend sind, in positiver Weise öffnet, ohne deshalb alles kritiklos hinzunehmen. Zum anderen wird das Denken regsamer, weil man, statt in festgelegten Modellen und Mustern, in Prozessen zu denken lernt.

Dieses gedanklich Sich-Vertiefen in übersinnliche Wirklichkeiten zieht aber noch etwas Drittes nach sich. Meistens kann man nicht unmittelbar mit allem, was das Studium der spirituellen Wissenschaft bietet, mitgehen, aber das Vertrauen in das Denken als Fähigkeit wächst. Die Tatsache, daß man vieles noch nicht begreift, kann man als ein persönliches, aber doch überwindbares, zeitbedingtes Unvermögen empfinden. Das eigene Denken ist jetzt noch nicht rege und stark genug, aber man spürt, daß es zutiefst mit der Wirklichkeit der Welt verbunden ist. Rudolf Steiner spricht über diese Erfahrung in seinem Buch *Die Schwelle der geistigen Welt*.[90] Dort wird das Denken als Vorstufe zur Meditation beschrieben. Das Denken, das sich von den unmittelbaren Sinneseindrücken losgelöst hat, führt den Menschen so mit sich mit, daß er sich im objektiven Weltgeschehen aufgenommen fühlt. Die Stimmung, die diese Erfahrung in ihm wachruft, kann sich zu einer Art meditativer Formel verdichten: »Ich empfinde mich denkend eins mit dem Strom des Weltgeschehens.« Hier geht es nicht um die philosophische Relevanz dieser Formel. Es geht nicht um ein bloßes Erkenntnisproblem – die Wahrheit dieser Aussage muß dem Menschen nur einmal eingeleuchtet haben –, sondern um ein nachhaltiges Erlebnis, das in einer inneren Schulung Früchte tragen kann, die es dem Menschen erlauben, in die Wirklichkeit der Welt vorzudringen. Es handelt sich hier um einen methodischen Schritt: Man wiederholt diesen Gedanken in kurzen Momenten der Konzentration; die Kraft, die die Seele dadurch bekommt, schließt nach und nach neue Wahrnehmungsmöglichkeiten auf, die die gewöhnlichen Sinnesfähigkeiten übersteigen.

Nun hat Rudolf Steiner wiederholt darauf hingewiesen, daß die Gesetzmäßigkeiten des Karma, die in der Beziehung der verschiedenen Erdenleben zueinander wirken, von geistiger Art sind und »daß man sie schon verkennt, wenn man nur im geringsten Grade daran denkt, daß es sich um ein Verursachung handelt, die in irgendeiner Beziehung ähnlich sei derjenigen, die wir sonst in der Welt finden, wenn wir von Ursache und Wirkung sprechen.«[91] Diese karmische Kausalität verwirklicht sich in unserem Leben jenseits des gewöhnlichen Bewußtseins. Wenn man nun begreifen will, was jenseits des gewöhnlichen Bewußtseins liegt, dann muß man sich an diejenige Wissenschaft wenden, die auf übersinnlichen Erkenntnissen beruht, d.h. die ihre Erkenntnisse mittels einer Grenzüberschreitung des Bewußtseins erlangt hat.

Wenn nun das Verstehen kosmischer Zusammenhänge nur mit einem Bewußtsein möglich ist, das jenseits des gewöhnlichen Bewußtseins liegt, dann könnte man meinen – stellt man anthroposophische Wissenschaft und Regressionspraktiken auf dieselbe Ebene –, daß die Erfahrung von dergleichen Zusammenhängen sich auch schon durch eine leichte Bewußtseinsverschiebung, eingeleitet durch die Geschicklichkeit des Regressionstherapeuten, ergeben könnte. Wäre diese Annahme richtig, dann müßte man sich noch über folgendes vergewissern: Wenn Regressionserfahrungen Zusammenhänge zwischen verschiedenen Leben ans Licht bringen, die in keinerlei Hinsicht mit dem gleichzustellen sind, was wir gewöhnlich unter dem Ursache-Wirkungsablauf verstehen, dann müßten diese unvoraussagbaren karmischen Zusammenhänge mit den Ergebnissen der spirituellen Wissenschaft übereinstimmen.

Unter den Tausenden von Beispielen, die in den letzten Jahren aufgezeichnet wurden, findet man jedoch kaum solche, für das normale Bewußtsein unvorhersehbare Ursache-Wirkungsketten. Ohne behaupten zu wollen, daß ich alle diese Fallberichte gelesen und verarbeitet hätte, muß ich aus den mir zur Verfügung stehenden Daten ableiten, daß die bei der Regression zum Vorschein kommenden karmischen Verbindungen diesen unvorhersehbaren Charakter nicht besitzen.

Als ein Beispiel für die ›Geradlinigkeit‹, ja sogar Parallelität der Zusammenhänge zwischen zwei Leben, wie sie durch Regressionsgespräche immer wieder ermittelt werden, sei hier der Fall einer 45jährigen Apothekerwitwe angeführt, von dem Ingrid Vallieres in ihrem schon zitierten Buch *Praxis der Reinkarnationstherapie*[92] berichtet: Jene Frau begegnet in ihrem gegenwärtigen Leben immer wieder autoritären Menschen, von denen sie sich leicht einschüchtern läßt. Daraus entwickeln sich Ängste. Die Frau kann ihre Wünsche nicht äußeren, und ebensowenig kann sie Entscheidungen treffen. Sie hat das Gefühl, irgendwie eingesperrt zu sein, wenn sie sich auf etwas festlegt. Das, was ihr Problem in der Hauptsache umfaßt, erlebt sie während einer ersten Rückführung in ein früheres Leben. Aus ihm berichtet sie:

»Ich bin Maitresse, lebe in der Rokokozeit in Versailles. Dort übe ich sanft aber unerbittlich meine Macht aus. So manches flüstere ich dem König ins Ohr und er tut genau das, was ich wünsche. Ich bin charmant, aber hinterhältig. Wenn jemand mir gegenüber nicht devot ist und mich nicht genügend beachtet und schätzt, dann geht es um die Stellung dieser Leute bei Hof. Manche der Höflinge wollen den König gegen mich aufhetzen, ich sei zu teuer, sagen sie, ich würde den Hof zuviel Geld kosten für Schmuck und Kleider. ... Aber diese Intrigen gegen mich kommen diese Leute teuer zu stehen. Ich habe dafür gesorgt, daß eine der Gräfinnen in die Verbannung geschickt wurde ... Nur Luxus und Macht interessierten mich, für Menschen ohne Rang hatte ich kein Verständnis. ... Irgendwann starb der König, und ich bekam die Macht. Die Macht dadurch, daß mein Sohn, den ich dem König geschenkt hatte, weiterregierte. Dieser Sohn war dem Volk gegenüber milder gestimmt, aber ich sorgte dafür, daß wir unsere Macht uneingeschränkt behielten.

Eines Tages drangen Leute in das Schloß ein. Es waren sehr viele ich spürte Angst. ... Es waren Hunderte. Sie kamen, kreisten mich ein, schrien ›Nieder!‹ Sie zerrten mich in ein Gefängnis. Ich spürte Panik in mir. Niemals hätte ich gedacht, daß sie so weit gehen würden. Im Gefängnis war der ganze Luxus hin, ich war schmutzig, der Kopf juckte, ich bekam Flöhe und Läuse. ...«

Was die Frau hier berichtet, steht in direkter Parallele zu ihrem gegenwärtigen Leben, denn über dieses sagt sie dann:

»Ich habe auch im jetzigen Leben einige Leute in die ›Pfanne gehauen‹, besonders bei unseren Mitarbeitern. Ich habe die Fehler aufgedeckt. Genau wie die Höflinge, hat mir auch mein Vater immer vorgeworfen, ich sei zu teuer. Die Maitresse, die ich damals in die Verbannung schickte, ist im jetzigen Leben meine Mutter. Ich kann sie nicht wegschicken, sie ist bettlägerig krank, ich muß sie pflegen, muß mich um sie kümmern. Meine Tochter drangsaliert mich ständig, sie ist so, wie ich früher war. Ständig will sie mir ihren Willen aufzwingen. Ich bin etwas bequem, möchte mir das Leben angenehm machen. Vielleicht habe ich deshalb meinen Mann früh verloren. Wäre er nicht gestorben, ich hätte mich wohl zu sehr an seiner Seite ausgeruht. So wie die Leute, die ins Schloß eindrangen, mir große Angst gemacht haben, genauso habe ich im gegenwärtigen Leben Angst vor Menschen.«

Es würde sich lohnen, bei jedem aufgezeichneten Fall zu untersuchen, welchen Gedankengang man verfolgen muß, um die Wirkung aus der Ursache abzuleiten. Die meisten Fälle werden eine ziemlich geradlinige Ursache-Wirkungsrelation oder Parallelität aufweisen, und wahrscheinlich wird keine Grenzüberschreitung des Bewußtseins nötig sein, um den Zusammenhang zu durchschauen, wie wir auch in den zitierten Beispielen in Kapitel 3 bereits sehen konnten.

Weil in der Karmalehre Rudolf Steiners die Grenzüberschreitung des Bewußtseins am Anfang steht und Karma entscheidend mit dieser anderen Welt zusammenhängt, müssen wir, um dieser Lehre Recht widerfahren zu lassen und Karma begreifen zu können, die >andere Welt< und das >andere Bewußtsein< erst kennenlernen.

Ein neues Bewußtsein kann sich ganz allmählich aus dem bereits als notwendig erkannten beweglichen Denken, zu dem das Studium der Geisteswissenschaften anregt und das man durch Konzentrations- und Meditationsübungen noch verstärken kann, bilden. Wir haben davon schon im Zusammenhang mit der Wahrnehmung der ätherischen Welt gesprochen (Kapitel 5). Dieses Bewußtsein, das das imaginative Bewußtsein genannt wird, bringt uns mit einer anderen Welt in Verbindung als derjenigen, zu der das alltägliche Bewußtsein Zugang hat. Diese neue Welt zeigt sich uns in der Gestalt von Bildern, von Imaginationen. Die Art dieser Bilder unterscheidet sich erheblich von unseren gängigen Vorstellungsbildern, die wir aufgrund von sinnlichen Wahrnehmungen erzeugen. Im Zusammenhang mit unserem Thema ist es nicht unwichtig, etwas über diese imaginativen Bilder zu sagen.

Zunächst wollen wir sehen, wie ein solcher Bildinhalt in uns zustande kommt. Man kann ihn am besten mit einem Erinnerungsbild vergleichen: Sie haben etwas erlebt, und nach einiger Zeit steigt die Erinnerung an das Erlebte, möglicherweise durch einen äußeren Anlaß angeregt, in Ihnen auf. Das Vorstellungsbild, das sich dann bildet, geht eindeutig auf das betreffende Erlebnis zurück, aber es ist selbst in diesem Erinnerungsmoment nicht anwesend. Stellen Sie sich nun vor, daß ein solches Erinnerungsbild in Ihrem Innern an die Oberfläche kommt, aber daß es keine Beziehung zu irgendeinem Vorfall hat, den Sie früher erlebt haben. Wenn Sie sich durch Übung genügend darauf vorbereitet haben, tritt die Wirklichkeit der geistigen Welt so zunächst als ein unbekanntes Bild mit Ihnen in Berührung.

Da die geistige Welt radikal anders ist als die gewöhnliche, sinnlich-materielle Welt, muß derjenige, der sich an eine Grenzüberschreitung heranwagt, in Kauf nehmen, daß er zuerst ziemlich erschüttert sein wird. In der materiellen Welt bieten uns die wahrnehmbaren Dinge einen Anhalt; wir spüren einen Boden unter den Füßen, und wir können das Erfahrene größtenteils unterbringen.

Wenn wir etwas wahrnehmen, sehen, hören oder riechen, wissen wir, daß ein äußeres Ding oder Wesen vorhanden ist, von dem die wahrgenommenen Qualitäten ausgehen. Deshalb bewegen wir uns in der sinnlich-materiellen Welt mit einer selbstverständlichen Sicherheit. Würden wir Dinge hören und sehen, die nicht durch einen äußeren Gegenstand oder ein Wesen außer uns verursacht sind, dann wären wir von Halluzinationen, Visionen oder ähnlichem heimgesucht und befänden uns eben in einem krankhaften Zustand.

Wenn wir uns über die Grenze des materiellen Bewußtseins hinausbegeben, ist die Welt der Bilder, in die wir dort gelangen, äußerlich gesehen nichts anderes als ein Komplex von Visionen, Halluzinationen und Illusionen. Jetzt geht es darum, einen neuen Anhalt zu finden, um die Bilder, die wir hier wahrnehmen, wiederum auf etwas zu beziehen, das sich dieser Bilder bedient, um sich durch diese bemerkbar zu machen. Wir müssen also nicht so sehr auf die Bilder selbst achten, sondern sie vielmehr als Buchstabenzeichen sehen, die für uns zu Mitteilungen werden, wenn wir sie zu lesen verstehen. Allmählich – viel Geduld wird hierbei gefordert – wird es uns gelingen, die scheinbar freischwebenden Formen, Farben und halluzinationsähnlichen Erscheinungen als den Ausdruck von Wesen zu deuten. Die geistige Welt wird ebensosehr von Wesen bewohnt, wie die materielle Welt, nur sind diese Wesenheiten ihrer Natur nach ganz verschieden von den Wesen, die die sichtbare Erde bevölkern.

Weitere Schwierigkeiten warten nun aber auf denjenigen, der sich in der imaginativen Welt orientieren will. Es steigen bestimmte Bilder auf, die, genau wie Träume, einen starken Eindruck auf den Menschen machen können und die ebenso wie Traumbilder ein ziemlich realistisches Aussehen haben. Vielleicht wird man sie dann als Bilder eines vergangenen Daseins auffassen. Diejenigen, die von solchen Deutungen nichts wissen wollen, werden sagen: »Natürlich haben dergleichen Vorstellungen einen realistischen Charakter. Sie sind nichts anders als Erinnerungsbilder von Vorfällen, die Sie vergessen haben, die aber noch irgendwo in Ihnen stecken und die, genau wie Träume, unwillkürlich an die Oberfläche kommen.« Das Peinliche ist nun, daß diese ›Ungläubigen‹ häufig recht haben. Diese aufsteigenden Bilder sind zumeist tatsächlich nichts anderes, als solche unbewußten oder halbbewußten, schnell aufgenommenen und bald wieder vergessenen Eindrücke, die unerwartet und manchmal in veränderter Form zum Vorschein kommen. Hier besteht tatsächlich die Möglichkeit, daß man dergleichen Erfahrungen für Offenbarungen beziehungsweise für Erlebnisse aus einer vorherigen Inkarnation hält.

Man muß sich aber vergegenwärtigen, daß die Bilder, die aufsteigen, wenn die geistige Welt anfängt, sich der durch Meditation und Übung vorbereiteten Seele zu offenbaren – zunächst geschieht dies nur wie eine leichte Berührung –, daß diese Bildinhalte durch die eigene Seele hervorgebracht worden sind. Die Seele webt selbst diese Bilder. Diese Fähigkeit zur Bildgestaltung hat sie sich in der sinnlich-materiellen Welt erworben. Je mehr Sie sich dieser Tatsache bewußt werden, um so mehr wächst die Fähigkeit, bei den subjektiven Erscheinungen (Sie erzeugen diese Bilder ja selbst) zu unterscheiden zwischen einer Bildprojektion des eigenen Seeleninhalts (z.B. eines vergessenen Eindrucks) und der objektiven Offenbarung aus einer anderen Welt. Sie müssen sich allmählich und schrittweise in der übersinnlichen Welt durch weiteres Studium und fortgesetzte meditative Schulung orientieren und die Anweisungen des Schulungsweges befolgen.

Steiner spricht in seinem bereits erwähnten Buch *Die Schwelle der geistigen Welt* über Menschen, die meinen, sie hätten sich übersinnliche Erlebnisse angeeignet, die aber gerade dadurch auf diesem Gebiet ›viel Ungereimtes‹ behaupten:

»Wie viele Menschen beziehen doch gewisse Bilder, welche in ihrer Seele auftreten, auf Erlebnisse früheren Erdenseins, wenn sie von den wiederholten Erdenleben überzeugt sind. Man sollte stets mißtrauisch sein, wenn diese Bilder auf solche vorhergehende Erdenleben hinzuweisen scheinen, welche dem gegenwärtigen in dieser oder jener Beziehung ähnlich sind, oder welche sich so zeigen, daß das gegenwärtige sich verstandesgemäß aus den vermeintlichen früheren leicht begreifen läßt. Wenn im wirklichen übersinnlichen Erleben der wahre Eindruck des oder der vorigen Erdenleben auftritt, so zeigt sich wohl zumeist, daß dieses oder diese früheren Leben so waren, wie man sie durch alles Ausdenken des gegenwärtigen, durch alles Wünschen und Streben für dieses, hätte niemals gestalten können, oder gedanklich gestalten wollen.«[93]

Eine weitere Schwierigkeit kommt noch hinzu, die sicher am Anfang die Suche nach der richtigen Beurteilung und Orientierung im imaginativen Bewußtsein erschwert. Die geistige Welt ist, wie bereits gesagt, zwar durch Wesen bevölkert, die anders sind als die auf der Erde, aber diese geistigen Wesen sind nicht die ersten, die der Mensch beim Betreten der anderen Welt kennenlernt. Das erste Wesen, das er kennenlernt ist er selbst. Während seines irdischen Daseins weiß er, daß er Gefühle, Wünsche, Begierden, Leidenschaften usw. in sich trägt. Es gelingt ihm aber gut, diese innere Welt von den Dingen außerhalb von ihm zu unterscheiden. Diese Trennung gibt es nicht länger, wenn der Mensch die imaginative Welt betritt. Vorstellungen, Wünsche und Begierden usw. drängen sozusagen aus ihm heraus und nehmen allerlei und manchmal auch die sonderbarsten Gestalten an. Sie bekommen Farben und erzeugen Töne. Außerdem erscheint alles spiegelbildlich. Was aus ihm herausströmt, kommt ihm nun von außen entgegen. Eine Begierde z.B., die er in sich nährt, scheint die eine oder andere phantastische, tierische, manchmal auch menschenähnliche Gestalt anzunehmen.

In diesem Sinne muß man die auf alten Gemälden abgebildeten ›Versuchungen‹ von Heiligen verstehen: Was in der Seele des Betreffenden als niedere Neigungen lebt, sieht er in der imaginativen Welt als bedrohliche, manchmal auch als schöne, verführerische Formen auf sich zukommen. Auch in Sagen und Märchen begegnet man diesem Phänomen. Der Ritter, der den Drachen besiegt, hat damit eine düstere Macht in seiner Seele überwunden. Der Seemann, der nicht auf die verlockende Stimme der Sirene hört, hat die Lebensgefahr der sinnlichen Betäubung gebannt.

Es ist eine schwierige Aufgabe, zwischen dem, was von einem selbst kommt, und dem, was ein geistiges Wesen wirklich in Bildgestalt mitteilen will, zu unterscheiden. Um nicht auf Irrwege zu geraten, muß man eine geistige Führung akzeptieren. Damit ist kein ›Guru‹ gemeint, sondern eine Lernmethode, die einem die nötige Sicherheit gibt. Geht man diesen Weg, braucht man nicht zu fürchten, daß die eigene Freiheit in Gefahr wäre.

Es würde den Rahmen der vorliegenden Arbeit sprengen, auch die nächsten Bewußtseinsstufen noch zu beschreiben. Die volle Wirklichkeit der geistigen Wesen, die in den höheren Welten angesiedelt sind, lernt man in ihrem ganzen Umfang freilich erst kennen, wenn man das inspirative und schließlich auch das intuitive Bewußtsein erreicht hat. Die Bilder des imaginativen Plans sind nur die Abdrücke dieser geistigen Wesenheiten. Um sie in ihrer vollen Wirklichkeit erfahren zu können, müssen diese inneren Bilder wieder ausgelöscht werden, damit eine Wort- und Klangoffenbarung eintreten kann. Als Vorbereitung dienen intensive Übungen, die das Gefühlsleben so stärken, daß das dahinterliegende inspirative Bewußtsein daraus aufkeimen kann, so wie sich das imaginative Bewußtsein aus dem lebendig und beweglich gewordenen Denken entwickelt hat.

Die Wirklichkeit des Zwischendaseins, das der Mensch zwischen Tod und neuer Geburt durchmacht, kann er nur auf der Ebene des inspirativen Bewußtseins erfahren.

Noch höher, oder wenn man will, noch tiefer reicht das intuitive Bewußtsein, das hinter dem Willen lebt. Es ist die zur höchsten Erkenntnisfähigkeit entwickelte Liebeskraft, nämlich die Einswerdung mit dem anderen Wesen. Dabei bleibt jedoch das Wissen um die eigene Individualität vollkommen erhalten.

Im alltäglichen Leben besitzt heute jeder Mensch zumindest eine Intuition, die er sich nicht durch schwere Übung hat erwerben müssen, nämlich das Ich-Gefühl. Wir spüren, daß wir etwas besitzen, das wir gleichzeitig auch sind: Wir haben ein Ich und sind zugleich dieses Ich. Ausgehend von dieser primären Ich-Intuition müssen wir als moderne Menschen unser Verhältnis zur Welt und das zu uns selbst finden. Alles, was wir anschauen und erleben, alles, was wir als handelnde Wesen anpacken, wird nun im Lichte des eigenen Selbstbewußtseins neu begriffen. Wenn der Mensch, bevor er irgendeine Art von Grenzüberschreitung ins Auge faßt, sich mit Hilfe dieses Selbstbewußtseins auf sich selbst konzentriert, wird er bemerken, daß er sich inmitten eines unbekannten psychischen Feldes befindet, in dem sein Bewußtsein mit rhythmischer Regelmäßigkeit ausgelöscht wird, nämlich während des Schlafes.

Dieses Feld ist keine gleichgültige Umgebung, denn es besitzt ein unerhörtes Energiepotential von dem immer wieder ›Stromstöße‹ in das (selbst)bewußte Seelenleben hineinwirken. Die Wissenschaft hat dieses unbekannte psychische Gebiet das »Unterbewußtsein« genannt.

Wenn man mit dem gewöhnlichen Ich-Gefühl in diesen unterbewußten Bereich vordringen will, wird einem das nicht ohne weiteres gelingen. Man kann nun aber versuchen, das Ich-Gefühl einigermaßen oder fast völlig auszulöschen, in der Erwartung, daß sich dieses Unterbewußtsein manifestieren wird, genau wie im Traumzustand, in dem das Tagesbewußtsein schweigt. Diese Wirkung wird bestimmt eintreten; man verläßt dann aber den Weg des Ichs, und es stellt sich die Frage, ob man damit nicht auch den Weg des Menschseins verläßt.

Sie können aber auch anders vorgehen: Sie können versuchen, die paradoxe Situation des Ichs – es ist sich inmitten eines scheinbar außerhalb von ihm selbst befindlichen Unterbewußtseins seiner selbst bewußt – zunächst als Tatsache hinzunehmen und sich entschließen, sie als einen intensiven Zustand der Selbstbesinnung zu ertragen. Sie vertiefen sich nun in ihren Lebenslauf, um herauszufinden, was unter der Schwelle des normalen Bewußtseins das eigentlich bewegende Prinzip der eigenen Lebensgeschichte ist. Man erkennt, daß unter der Schwelle des psychischen Lebens ein inneres Zentrum wirksam ist, das als der Verursacher oder Schöpfer des bewußten Seelenlebens, ja sogar der eigenen Körperlichkeit mit allen dazugehörenden Eigenschaften und Tätigkeiten betrachtet werden kann. Obwohl Sie begreifen, daß dieser innerliche Kern universaler und also mächtiger ist als das gewöhnliche Ich, erleben

Sie dieses ›zweite Selbst‹ doch nur als eine Art Keim, der innerlich in Ihnen wächst, ohne daß er unmittelbar von außen durch die normalen Bewußtseinsinhalte beeinflußt wird. So kommen Sie auf den Reinkarnationsgedanken. In Ihrem heutigen Leben ist etwas tätig, das den Ansatz bildet zu dem, was später ausgearbeitet werden muß. Nachdem dieser Kern oder dieses zweite Selbst die Gelegenheit hatte, die Bilanz der bisherigen Lebensgeschichte zu ziehen, dadurch daß es in einem nicht-körperlichen Zustand den geistigen Extrakt kennengelernt hat, kann es die Ergebnisse dieser Erfahrungen ins nächste Erdenleben hinübertragen. So kann man auch begreifen, daß das heutige materielle Leben die Frucht von dem ist, was in einer vorhergehenden irdischen Existenz in der Seele keimen und wachsen konnte. Diese Frucht ist zwischen dem Tod im zurückliegenden Leben und der Geburt im gegenwärtigen Leben in der übersinnlichen Welt gereift. Das, was nun in gedanklicher Form durch innere Einkehr zum Bewußtsein gekommen ist, wird erst auf dem inneren Übungsweg der Bewußtseinserweiterung zur wirklichen Erfahrung werden. Das zweite Selbst wird sich dann in der Seele als ein selbständiges Wesen offenbaren, das in bezug auf das gewöhnliche Selbst von einer höheren Rangordnung ist und das dieses alltägliche Selbst als ein inspirierendes Wesen durchdringt. Dieser Inspirationsstrom, der von Ihrem höheren oder zweiten Selbst ausgeht, ist Ihnen im gewöhnlichen psychischen Leben nicht bewußt. Die Inspiration tritt dann auch nicht in Gestalt von Gedanken oder Worten hervor, sondern sie tut sich in Taten kund. Das höhere Selbst führt Sie nämlich durch die Ereignisse ihrer Biographie, es prägt auch ihre Veranlagung und Neigungen. Das ganze Muster ihres Schicksals, das, wie bereits dargestellt wurde, aus drei Bestandteilen besteht, ist Offenbarung dieses zweiten Selbst. Sie können dieses mit Recht »Ich« nennen. Und das Karma oder Lebensschicksal ist als Ich-Handlung, als Ich-Inspiration in den Taten zu erfassen.

Einer der wichtigsten von Rudolf Steiner empfohlenen Karma-Übungen führt über einen anderen Weg zu diesem inneren Erleben des zweiten Selbst in der Seele. In Kapitel 11 werde ich ausführlicher darauf zu sprechen kommen.

Wenn für das übersinnliche Bewußtsein das höhere Selbst das gewöhnliche Ich auf solche Weise durchdringt, daß von einer Verschmelzung gesprochen werden kann, dann ist das für das normale psychische Erleben nicht unbedingt auch der Fall. Wenn man das Ich die Spiegelung des höheren Selbst nennt, ist das zwar nicht falsch, aber die Beziehung ist doch anders als bei einer gewöhnlichen Spiegelung. Bei letzterer besitzt nämlich das Spiegelbild keinerlei Realität und verschwindet in dem Moment, in dem das gespiegelte Objekt weggenommen wird. In bezug auf die ganze Welt dessen, zu dem unser normales Bewußtsein Zugang hat und zu dem unser Ich ja auch gehört, kann man mit einem gewissen Recht von einer Spiegelung sprechen – Goethe sagt: »Alles Vergängliche ist nur ein Gleichnis«[94] –, aber dazukommt, daß die gespiegelte Welt ein eigenes Leben und eine eigene Realität besitzt.

Das ist die Folge der Wirksamkeit der geistigen Wesen, die aus der höheren Welt stammend, eine niedrige ›Spiegelwelt‹ mit einer bestimmten Art Realität ausstatten. Diese Wesen wollen verhindern, daß der Mensch als Bewohner des irdischen Reiches sich mit seinem höheren Selbst identifiziert.

In der heutigen Entwicklungsphase ist der Mensch noch ein Bürger zweier Welten, und seine Entwicklung ist nichts anderes als ein Versuch, mit dieser Situation leben zu lernen und gerade durch die Schule des Karma zu einer Verbindung zwischen seinem niederen und höheren Ich zu kommen, mit anderen Worten: Der Mensch muß lernen, eine Verwandlung des Niedrigen in das Höhere herbeizuführen.

Die Frage stellt sich, inwieweit die Regressionspraxis sich in Übereinstimmung mit den oben beschriebenen Erfahrungen bei der Bewußtseinsüberschreitung nach ›außen‹ (Imagination) und nach ›innen‹ (Inspiration) hin, befindet. Bei der Induktion tritt, wie bereits erwähnt, eine bestimmte Entspannung und eine Bewußtseinsverschiebung ein, die den Grenzübertritt mit Hilfe verschiedener Regressionsverfahren möglich machen. Hierbei treten allerlei Phänomene auf – meines Erachtens sowohl wirkliche, ›objektive‹ Imaginationen als auch illusionäre Bilder –, die wahrscheinlich weder der

Klient noch der Therapeut genau unterscheiden können, es sei denn, sie haben durch inneres Training dieses Unterscheidungsvermögen entwickelt.

In der Regressionsliteratur treffen wir sicher auf deutliche Spuren des inspirativ-intuitiven Erlebens des zweiten Selbst, wenngleich diese Erlebnisse meistens nicht durch denkende oder meditative Erwägungen zustande kommen. Nach meiner Überzeugung haben derzeit viele Menschen solche spontanen inspirativen Erfahrungen, weil sich innerhalb der gesamten Menschheit unbewußt eine Bewußtseinsüberschreitung vollzieht, die sich bei einzelnen Menschen in der Gestalt von übersinnlichen Erlebnissen kundtut. In diesem Dämmerzustand, in dem die Grenzen zwischen dem gewöhnlichen, ›materiellen‹ Bewußtsein und unter- oder überbewußten psychischen Territorien fließend werden, hat der Mensch vorerst kaum Sicherheit. Hohe spirituelle Erfahrungen und vollkommen illusionäre Bilder treten neben- und durcheinander auf, so daß der einzelne sie nicht klar zu unterscheiden vermag. Durch exakte geistige Schulung kann die fehlende Unterscheidungsfähigkeit geweckt und gestärkt werden.

# Zwischenexistenz und Bildung des Karma

Ich verwende in diesem Kapitel und auch an anderen Stellen im vorliegenden Buch die Bezeichnung »Zwischenexistenz« oder »Zwischendasein«, die ich der Regressionsliteratur entnommen habe. In der Anthroposophie spricht man meist von dem »Leben zwischen Tod und neuer Geburt«. Im Werk Rudolf Steiners finden wir vielerorts Betrachtungen über diese Phase, die sich gänzlich in der geistigen Welt abspielt. Steiners Beschreibungen sind hier zunächst sehr allgemein, in seinen späteren Schriften und Vorträgen werden sie ausführlicher und differenzierter. Auch gehört es zu Steiners Methode, einen behandelten Gegenstand immer wieder aus einer anderen Perspektive zu beleuchten.

Parallel zu den drei Phasen, in denen sich Steiner, an das Denken appellierend, mit Reinkarnation und Karma auseinandersetzt, verlaufen die drei Phasen, in denen er die Zwischenexistenz schildert: Die erste Phase ist die um 1904 herum. Die zweite setzt 1910 ein und ist die Zeit, in der auch die Mysteriendramen[95] geschrieben wurden, die den Schulungsweg der Karmabetrachtung in dramatischen Bildern darstellen. Und die dritte Phase schließlich ist die von 1924, in ihr wurden die sogenannten Karmavorträge gehalten. In dem vorhergehenden Jahr wurden diese in verschiedenen Vortragszyklen, die sich auf das Leben zwischen Tod und neuer Geburt beziehen, vorbereitet. Das gilt für die Vorträge im Mai 1923 in Oslo mit dem Titel *Menschenwesen, Menschenschicksal und Welt-Entwicklung*[96] sowie für die im November 1923 in Den Haag gehaltenen Vorträge mit dem Titel *Der übersinnliche Mensch, anthro-*

*posophisch erfaßt.*[97] Man bekommt den Eindruck, daß Steiner die Schilderung des kosmischen Daseins des Menschen in seiner Erhabenheit und Komplexität als Auftakt zu demjenigen gedacht hat, was er kurz danach in dem Vortragszyklus *Esoterische Betrachtungen karmischer Zusammenhänge* behandeln wollte.

Will man begreifen, was mit dem Menschen geschieht, wenn er gestorben ist, muß man die besondere Art des Menschen als viergliedriges Wesen kennen: Das erste Wesensglied ist der physische Körper, der auf der Erde stofflich für die Sinne wahrnehmbar ist; er ist der Teil des Menschen, der beim Sterben auf der Erde zurückgelassen wird. Wir haben in Kapitel 5 bereits darüber gesprochen, daß dieser Teil als zusammenhängendes Gebilde nicht erhalten bleibt, daß er zerfällt und vergeht und schließlich in der irdischen Stofflichkeit aufgeht und völlig verschwindet. Das, was sich vom physischen Leichnam löst, ist der unsichtbare Teil des Menschen, der seinerseits aus zwei nach dem Tod abzulegenden ›Hüllen‹ und einem geistigen, dauerhaften Kern besteht. Den Kern nennen wir das »Ich« oder den Geistträger, die Hüllen sind der »Astralleib« (den wir auch Seele nennen könnten, wäre dieser Begriff nicht so häufig für den unsterblichen Teil des Menschen gebraucht worden) und der »Ätherleib« oder Lebensleib als Träger der Vitalität.

Der Ätherleib ist nicht nur der Träger der Lebenskräfte, er gestaltet und pflegt nicht nur die Form und die Lebensfunktionen, sondern er trägt auch das Gedächtnis. Das heißt, daß im Ätherleib alle Vorstellungen eingeschrieben sind, die die Seele mit Hilfe des bewußten Ich als Kern während des irdischen Lebens gebildet hat, auch die, welche nur als flüchtiger Eindruck schnell aufgenommen und sofort wieder vergessen wurden. Der Ätherleib bewahrt alles bis in die kleinsten Einzelheiten auf. Während des irdischen Lebens steckt der Ätherleib im physischen Leib und wird dadurch in gewisser Hinsicht an der Entfaltung der Gedächtnisbilder gehindert. Wenn aber der physische Leib wegfällt, wird der ganze Ätherbilderorganismus freigesetzt, und er entrollt sich vor der Seele und dem damit verbundenen Ich als ein großes Tableau oder Panorama des gesamten, gerade beendeten Lebens. Sobald der Tod eingetreten ist, ersteht dieses Äther-Gedächtnistableau, und zwar ohne die zeitliche Abfolge der Ereignisse zu berücksichtigen.

Dieser Rückblick dauert nur kurz, etwa drei Tage. Es handelt sich dabei um ein bloßes Schauen, ohne Emotionen oder innerliche Erlebnisse, die bei den geschauten Ereignissen während des Lebens natürlich vorhanden waren. Während die Seele in diesen Rückblick vertieft ist, fühlt das menschliche Wesen, wie es sich zusammen mit den immer unbestimmter und größer werdenden Bildern ausdehnt, bis es – das mag sich befremdend anhören – dasselbe Ausmaß hat wie die ganze kosmische Äthersphäre. Dieses Gefühl, solch einen Umkreis zu haben, wobei alles, was sich früher auf der Erde außerhalb des Menschen befand, sich nun in ihm selbst befindet, bleibt in gewisser Hinsicht während des ganzen Zwischendaseins bestehen. Erst, wenn der Mensch erneut zu einer irdischen Verkörperung heruntersteigt, stülpt sich dieses Erleben wieder um.

Von Bedeutung hierbei ist, daß sich das Lebenstableau nicht auflöst, wie sich die Stoffe des physischen Leibes in den irdischen Elementen auflösen, sondern daß es dem Welt-Lebensäther eingeprägt wird und erhalten bleibt. Auf seiner weiteren Wanderung durch das Zwischendasein nimmt das menschliche Ich einen Extrakt aus dem Ätherleib mit, und durch diesen Extrakt kann das Ich mit dem Lebenstableau verbunden bleiben. Rudolf Steiner nennt diesen Extrakt aus dem Ätherleib, zu dem später noch der des Astralleibes hinzukommt, den Verursacher unseres Karma oder »Kausalkörper«. Von ihm war bereits die Rede (Kapitel 4). Nach jedem Erdenleben wird dieser Kausalkörper reicher. In späteren Betrachtungen verwendet Steiner die Bezeichnung »Kausalkörper« allerdings nicht mehr.

Man kann sich fragen, ob durch die Verbindung, die bei den einzelnen Menschen zwischen dem Schicksalsverursacher und den verschiedenen Lebenstableaus aller aufeinanderfolgenden Existenzen besteht, die Möglichkeit gegeben ist, bei einer Regression die Bilder voriger Leben auftauchen zu lassen.

Nachdem das Ich zusammen mit dem Astralleib den ausgeströmten Ätherleib als einen zweiten ›Leichnam‹ entlassen hat, tritt ein Zustand ein, der dem vorangegangenen Rückblick ähnlich zu sein scheint. Diese zweite Etappe ist aber doch anders: Erstens dauert sie viel länger, und zweitens besitzt sie nicht so sehr den Charakter eines Rückblicks, sondern ist eher ein intensives, moralisch-inneres Nacherleben des zurückliegenden irdischen Daseins. Diese Phase wird mit dem Sanskritwort »Kamaloka« bezeichnet, das »Ort der Begierde« bedeutet. (»Kama« bedeutet Begierde oder Verlangen, »Loka« ist das gleiche Wort wie das lateinische »locus«, Ort.) Natürlich ist hier kein Ort im räumlichen Sinne gemeint, sondern ein geistiges Gebiet, das mit einem bestimmten Bewußtseinszustand verbunden ist.

Das Kamaloka ist eine Läuterungsetappe auf dem langen Weg innerhalb des Zwischendaseins. Alles, was dem Astralleib des Menschen als sinnliche Neigungen, egoistische Begierden und Leidenschaften anhaftet, muß getilgt werden. Das geschieht, weil die menschliche Seele nun nicht mehr über ein physisch stoffliches Instrument verfügt, um die Begierden, die im Astralleib immer noch anwesend sind, zu befriedigen. Das heftige Gefühl der Entbehrung ist wie ein brennender Durst, der nicht gelöscht werden kann. Der Mensch muß dies in der Kamaloka-Phase so lange erdulden, bis jegliches Verlangen nach Befriedigung aus dem Astralleib verschwunden ist, bis er also frei von Begierden ist. In dem Maße, in dem der Mensch im irdischen Leben durch das Älterwerden oder durch bewußte Entsagung die Heftigkeit seiner Affekte gemäßigt hat, erleichtert und verkürzt er seinen Aufenthalt in der Läuterungsregion.

Die Kamaloka-Erfahrungen sind aber nicht nur unangenehm. Das, was wir hier auf der Erde in der Natur oder bei Kunstwerken an Schönheit empfunden haben, umgibt uns in der Kamaloka-Sphäre wie uns entgegenströmende Freude und Wohlbefinden. Obwohl wir während des irdischen Lebens für den ästhetischen Genuß unseren physischen Körper brauchen, fühlen wir im Kamaloka doch keine unstillbare, quälende Sehnsucht nach solchen geistigen Genüssen, weil sie bereits auf der Erde ein unegoistisches, geistiges Element in sich tragen.

Ein anderer Aspekt der Kamalokazeit ist das Wiedererleben unseres gerade zu Ende gegangenen Erdenlebens, und zwar nicht bloß als Zuschauer wie beim ätherischen Gedächtnistableau, sondern von einem moralisch beurteilenden Standpunkt aus. Die Seele geht in der Zeit zurück, durchläuft das zurückliegende Leben von der Sterbe- bis zur Geburtsstunde und erlebt dabei Schritt für Schritt in umgekehrter Reihenfolge dasjenige, was von dem Menschen während seines Lebens als Taten ausgegangen ist. Das alles wird im nachtodlichen Leben jedoch nicht nur in umgekehrter Reihenfolge, sondern auch noch in anderer Hinsicht ›verkehrt‹ erlebt. Eine Tat, die von dem Betreffenden ausging und einen anderen Menschen betraf, erlebt er nun als von diesem Menschen auf ihn zukommend. So spürt er jetzt den Schmerz und die Beleidigung, die er einem anderen zugefügt hat, wenn er diesem z.b. bei einer bestimmten Gelegenheit eine Ohrfeige gegeben hatte. Man kann das auch anders ausdrücken: Der Mensch ist nun im anderen, und das ihm angetane Leid erlebt er in sich selbst.

Dieses Erlebnis ist nicht verschwommen oder traumhaft, sondern besonders scharf. Es ruft ein Echo aus der Tiefe hervor, das nicht nur einen registrierenden Charakter hat, sondern sich als Willensimpuls zur Begleichung der Fehler und zur Vervollkommnung des eigenen Wesens offenbart. Denn durch seine negative Tat hatte es sich gewissermaßen beschmutzt oder, stärker noch, verstümmelt.

Karma bedeutet, die Folgen seiner Taten nicht nur zu erkennen, sondern sie auf sich zu nehmen mit dem Ziel, sie auszugleichen. Wenn wir genauer wissen wollen, wie dieser Rückgang in die Zeit vor sich geht und wie der hier oben beschriebene Keim der karmischen Wirkung in Wirklichkeit gelegt wird, müssen wir den Schlafvorgang ins Auge fassen.

Während des irdischen Lebens wechseln Schlafen und Wachen sich regelmäßig ab. Mit dem Wechsel im Verhalten geht auch ein Bewußtseinswandel einher. Das Tagesleben verläuft mehr oder weniger in einem Wachzustand, das heißt, daß wir in unserem Vorstellungsleben uns der Dinge und uns selbst bewußt sind, während wir nachts, wenn wir schlafen, in einen Zustand der Unbewußtheit versinken.

Durchschnittlich verschlafen wir ein Drittel unseres Lebens. Was geschieht während dieser sich täglich wiederholenden Schlafperiode? Die vier Wesensglieder des Menschen, die wir bereits besprochen haben, nämlich physischer Leib, Ätherleib, Astralleib und Ich, die sich während des Wachseins gegenseitig durchdringen, trennen sich während des Schlafes auf eine bestimmte Weise voneinander. Der Astralleib zieht sich zusammen mit dem Ich größtenteils aus dem physischen Leib und dem ätherischen Leib zurück; letztere bleiben miteinander verbunden. Die Folge dieser Trennung ist, daß wir ›das Bewußtsein verlieren‹. Die zwei höheren Glieder des Menschen treten in einen geistigen Zustand ein, so daß gleichzeitig zwei wichtige Aktivitäten ›unbewußt‹ stattfinden können: Erstens kann der von dem bewußten Tagesleben, von der abbauenden Nerventätigkeit ermattete physische Organismus, durch die Wirksamkeit geistiger Kräfte wieder aufgebaut und erfrischt werden – ein wohlbekanntes Ergebnis gesunden Schlafes. Zweitens erfahren der Astralleib und das Ich, die sich während des Schlafes in leibfreiem Zustand befinden, eine Wiederbelebung der eben noch durchlebten Wachperiode. Der vergangene Tag wird in umgekehrter Reihenfolge zurückerlebt, wobei alles, was der Mensch bewußt gemacht hat oder unterlassen hat, moralisch beurteilt wird.

Diese Beurteilung des Tun und Lassens des Menschen ist objektiv und gerecht, aber unerbittlich. Gründe, die seine Taten beschönigen oder seine Schuld abschwächen, wie er sie oft im wachbewußten Leben bereithält, um Bequemlichkeit, Lieblosigkeit oder Feigheit zu entschuldigen, haben in der geistigen Welt keinerlei Wert oder Bedeutung. Das höhere Ich oder zweite Selbst fällt dieses nächtliche Urteil und prägt es dem Astralleib ein.

Auf diese Weise trägt der Mensch ein Leben lang die nächtlichen Urteile über seine Taten mit sich, ohne daß er sich dessen bewußt ist. Daß sich diese dem gewöhnlichen Bewußtsein entziehen, ist eine Gnade, die die höheren geistigen Mächte, die über den Menschen wachen, ihm gewähren. Erst wenn der Mensch durch Übung und bestandene Prüfungen eine solche seelische Reife erlangt hat, daß er der Konfrontation mit seinem niederen Wesen gewachsen ist und den Anblick seines Selbst in seiner erschütternden Unzulänglichkeit ertragen kann, gestatten diese Mächte seinem höheren Bewußtsein diese unerbittliche Selbsterkenntnis.

Nach dem Tod aber muß jeder Mensch diese Prüfung während der Kamalokazeit durchstehen: Durch diese Erfahrung wächst in ihm ein kräftiger Impuls, die eigenen Mängel zu korrigieren und sich selbst und dadurch auch anderen vorwärts zu helfen.

Der Gang durch das Kamaloka ist also ein zweiter Rückblick: Hier schaut der Mensch zurück auf das, was der Astralleib an Aufzeichnungen enthält. Diese Rückschau nimmt so viel Zeit in Anspruch wie alle Nächte des Lebens, also etwa ein Drittel des Lebensalters, das der Mensch in der eben abgelaufenen irdischen Inkarnation erreicht hat. Auch aus diesen Erlebnissen nimmt das Ich einen Extrakt mit; dieser fügt sich in den bereits bestehenden ›Kausalkörper‹ ein, geht also nicht verloren.

Unser Astralleib besteht eigentlich aus einer Zweiheit: Ein niederer Teil ist noch ganz und gar von Affekten und Begierden erfüllt, während ein höherer Teil bereits durch die positive Aktivität des Ichs geläutert und veredelt wurde und sich zu einer geistigen, bleibenden Hülle des Ich metamorphosiert hat. Der noch ungeläuterte Teil des Astralleibes wird, nach dem Kamaloka, bevor das Ich seine Wanderung durch das Zwischendasein fortsetzt, als ›dritter Leichnam‹ in der Astralwelt zurückgelassen. Diese astrale ›Leiche‹ löst sich nicht so schnell auf wie der ätherische oder der sich zersetzende physische Überrest (freilich können auch bestimmte physische Teile unter gewissen Umständen sehr lang erhalten bleiben). Deswegen wimmelt die astrale Sphäre von einer großen Anzahl herumgeisternder astraler Gestalten, die einen schädlichen Einfluß sowohl auf Lebende als auch auf Verstorbene haben können. In spiritistischen Sitzungen sind es, nach Steiner, oftmals solche astrale Geister, die sich mittels eines Mediums offenbaren und die dann vermeintlich für den ›Geist eines Verstorbenen‹ gehalten werden, während in Wirklichkeit dessen Ich-Geist damit nichts zu tun hat und vielleicht mittlerweile bereits in einem neuen Astralleib in einer neuen Inkarnation auf der Erde gelebt hat und sogar wieder über die Schwelle gegangen ist.

In der ersten Periode (1903-1910) erörtert Rudolf Steiner den Zwischenzustand hauptsächlich im Zusammenhang mit der Schilderung des ›Seelenlandes‹ und des ›Geisterlandes‹. Eine ausführliche Darstellung finden wir in dem grundlegenden Werk *Theosophie*. 1912 kommt ein neues Element hinzu, nämlich die Beschreibung der Reise des menschlichen Geist-Seelenwesens zwischen Tod und neuer Geburt durch die Planetensphären. Es ist deutlich, daß Steiner in der dazwischenliegenden Zeit seine Kenntnisse auf diesem Gebiet erweitert und neue Erfahrungen gesammelt hat. Und nun kann er diese Einsichten veröffentlichen. In dem Vortragszyklus *Das Leben zwischen dem Tode und der neuen Geburt im Verhältnis zu den kosmischen Tatsachen*[98] erläutert er den Zusammenhang zwischen den planetarischen Sphären einerseits und den Regionen des Seelenlandes und den Himmelsgefilden andererseits, die meist »Devachan« genannt werden. In seinem Buch *Theosophie* wird das Devachan ausführlich beschrieben.

Neben dieser Erweiterung um die kosmischen ›Ortsbestimmungen‹ kommen noch andere, neue Gesichtspunkte in bezug auf die Zwischenexistenz hinzu, so unter anderem zur Wirksamkeit der verschiedenen geistigen Hierarchien – ein Gesichtspunkt, der Steiners Karmalehre überaus bereichert, der aber einen Überblick über das komplizierte Geschehen von Reinkarnation und Karma nicht gerade erleichtert.

Dennoch bin ich davon überzeugt, daß, wenn wir zur wirklichen Einsicht auf diesem Gebiet kommen wollen und zu einer befriedigenden Interpretation der Regressionserfahrungen gelangen wollen, wir uns gerade in dieses schwer zugängliche kosmische Dasein der menschlichen Seele zwischen Tod und neuer Geburt vertiefen müssen. Ein wichtiges Ergebnis des meditativen Studiums und geduldigen Übens mit dem Ziel, sich mit den übersinnlichen Wesenheiten vertraut zu machen, ist die Entwicklung einer inneren Empfindung für diese Thematik.

Ein berechtigtes Gefühl von tiefer Ehrfurcht kann uns durchströmen, wenn wir uns vergegenwärtigen, daß das, was wir so einfach Biographie, Reinkarnation, Zwischendasein, Karma usw. nennen, mit der Gesamtheit des sichtbaren und unsichtbaren Weltalls zu tun hat. Wir müssen zu den höchsten ›Stockwerken‹ dieses unsichtbaren Weltalls aufsteigen, um zu begreifen, was sich jede Sekunde tausendfach auf der Erde abspielt, nämlich das Geborenwerden und Sterben eines Menschen und dazu die unendliche Aneinanderreihung von Erlebnissen und Ereignissen, die diese beiden Schwellenübergänge verbinden.

Rudolf Steiner zeigt uns, daß und wie der ganze Kosmos mit all seinen höheren und niederen Wesen an der Vorbereitung, Ausführung und Weiterführung der vielen Ereignisse im Schicksal eines jeden Menschen Anteil hat. Bei jedem einzelnen der Milliarden von Menschen, die sich in inkarniertem Zustand auf der Erde oder aber in geistigen Zwischenregionen aufhalten, geht es um den Entwicklungsweg des Ich, das von einem Leben zum anderen fortschreitet. Es geht um eine Wanderung mit positiven Errungenschaften, aber auch mit Hindernissen, Umwegen oder sogar Sackgassen, die man wieder zurücklaufen muß. Diese Entwicklung kann sich so nur vollziehen, weil das Ich im Grunde frei, zugleich aber auch in einer kosmischen Ordnung eingebettet ist, in der die strengsten Gesetzmäßigkeiten walten.

Schließlich kann das Wissen um den allumfassenden Charakter des Karma sowie das Gefühl der Ehrfurcht vor dessen göttlichem Ursprung uns zu einem letzten Erkenntnisschritt führen, nämlich zu der Einsicht, daß der Mensch auch Wirkungen solcher Wesen ausgesetzt ist, die es darauf abgesehen haben, ihm diese Göttlichkeit zu entziehen. Sie wollen den Menschen von seinem ›Urquell‹[99], wie Goethe es nennt, entfremden und ihn dadurch seine Bestimmung versäumen lassen, oder anders ausgedrückt: Diese gegnerischen Mächte wollen den Menschen in eine andere Zielrichtung abdrängen. Man könnte in diesem Zusammenhang von einem ›Antiplan‹ der Weltenentwicklung sprechen.

Bevor ich die Schilderungen der Zwischenexistenz fortsetzen werde, möchte ich das Kamalokastadium ausführlicher betrachten, und zwar unter dem Gesichtspunkt der Wirksamkeit der Planetensphären.

# Kosmischer Mensch
# und Weber des Karma

Wenn wir im folgenden das Leben zwischen Tod und Wiedergeburt im Lichte der Planetenwirkungen betrachten, werden wir das kopernikanische System[100] außer Acht lassen müssen. Dieses Weltsystem hängt mit dem Entwicklungsschritt zusammen, den die Menschheit zu Zeiten Kopernikus vollzogen hat und der notwendigerweise zum radikalen Bruch mit der Wirklichkeit des geistigen Kosmos führen mußte. Kopernikus erwies der Menschheit durch diesen mutigen Schritt einen großen Dienst und trug entscheidend dazu bei, daß der Mensch in dem ›toten‹ mechanischen Weltall zum Selbstbewußtsein und damit zur Freiheit erwachen konnte.

Wenn wir nun aufs neue, und zwar diesmal mit Hilfe der selbstbewußten und freien Urteilskraft in die geistige Realität vordringen wollen, der die Menschheit eine Zeitlang den Rücken zugekehrt hat, müssen wir einen weiteren, mutigen Schritt tun. Wir brauchen deshalb aber nicht zu der Vorstellungswelt des Ptolemäus[101] zurückzukehren, die sich noch auf die Weisheit der hellseherischen Priester der vorchristlichen Mysterientempel bezog. Wir müssen vielmehr den Blick auf die Zukunft richten und zu einem modernen geisteswissenschaftlichen Konzept der Welt gelangen. In der Anthroposophie finden wir ein Bild des geistigen Kosmos, das bestimmte Bewußtseinsstufen reflektiert. Dieses gleicht zwar in vielerlei Hinsicht den alten vorkopernikanischen Vorstellungen, unterscheidet sich aber doch in wichtigen Punkten von ihm: Erstens ist es über den direkten Weg des gegenwärtigen schauenden Bewußtseins gewonnen und also nicht der Tradition entnommen.

Zweitens umfaßt es eine Vielzahl neuer Aspekte, die sich auf Karma und Reinkarnation beziehen. Diese sind in alten Beschreibungen der kosmisch-spirituellen Welten wie z.b. in Dantes *Göttlicher Komödie* noch gar nicht anzutreffen.

Wenn beim Sterben die menschliche Seele den physischen Leib und kurz darauf den Ätherleib abgelegt hat, betritt sie die astrale Welt. Die im vorigen Kapitel beschriebenen Erfahrungen des Kamaloka spielen sich in der Sphäre des Mondes ab. Mit »Sphäre« ist hier kein Gebiet im Raum gemeint (das griechische Wort »sfaira« bedeutet Kugel), sondern eine geistige Daseinsform oder Stätte, in der bestimmte geistige Wesen auftreten und die nur dem übersinnlichen Bewußtsein zugänglich ist. Die ›Sphäre‹ ist immateriell. Die kosmischen Sphären durchdringen sich gegenseitig vollkommen. Der Übergang von einer Sphäre in die nächste ist eine Sache des Bewußtseins. Dennoch gibt es auch eine räumliche Begrenzung. Dort, wo von der Erde aus gesehen ein bestimmter Himmelskörper seine Bahn zieht, findet sich auch die Grenze der entsprechenden Sphäre. Da, wo z.b. der Mond physisch sichtbar ist, hört seine geistige Wirkung auf.

Die Mondensphäre ist nicht nur die Wohnstätte der geistigen Wesen, die wir gewöhnlich »Engel« nennen, sie wird auch von solchen Wesenheiten bewohnt, die Steiner die »Urlehrer«[102] der Menschheit nennt, die man aber auch die »Karmagestalter« nennen könnte.

Steiners geistige Forschung, die sich mit den sehr frühen Stadien der Erde beschäftigt, zeigt, daß einmal diese Urlehrer unseren Planeten bewohnt haben, und zwar in einem unstofflichen, ätherischen Leib. Zu jener Zeit befand sich der Mond noch nicht außerhalb der Erde, sondern bildete mit ihr eine Einheit. Allmählich fingen die damaligen Substanzen an, sich vom wärme- und gasförmigen zum eiweißartigen, flüssigen Zustand zu verdichten und fest zu werden. Die Kräfte, die zu sehr verhärtend wirkten, mußten abgeschwächt werden, damit die Erde nicht vollends verkrustete und somit für lebende Wesen unbewohnbar würde. Hohe geistige Mächte lösten darum den Mond als Träger dieser Verhärtungstendenzen von der Erde. Der Mond trat aus der Erde heraus. Genauso war in einem noch früheren Stadium auch die Sonne – freilich aus anderen Gründen – ausgetreten.[103] Während des Mondaustritts verließen die Urlehrer den irdischen Plan und bildeten eine ›Kolonie‹ in der Mondensphäre (sie sind also keine stofflich-physischen Mondbewohner). Ihre Aufgabe hatte zuvor darin bestanden, die kosmische Weisheit in das noch junge menschliche Wesen auf Erden einfließen zu lassen. Das war nicht so sehr eine ›lehrende‹ Tätigkeit als vielmehr eine magische Beeinflussung, die über eine innerlich-geistige Einsicht die Willensimpulse des Menschen so in Bewegung brachte, daß seine Handlungen mit der Welt in Einklang standen.

Diese Urweisheit lebte noch lange, auch noch nachdem die Lehrer sich von der Erde zurückgezogen hatten, in den Mysterienzentren[104] der Rassen und Völker weiter. Allmählich nahm diese ab, um in der Neuzeit ganz und gar zu verschwinden und so dem Menschen die Freiheit zu ermöglichen.

Die hohen Wesen, von denen diese kosmische Weisheit ursprünglich ausgegangen war, bekamen in der Mondensphäre einen anderen Auftrag. Wenn der Mensch in diese Sphäre hineingeht und die Kamaloka-Erfahrungen beginnen, kommt er in direkte Berührung mit den Mondenlehrern. Sie geben den astralen Bildern, die während des Rückblickes auf die Nächte des zurückliegenden Lebens zum Vorschein kommen, eine magische Kraft. Wären Ich und Astralleib ausschließlich auf ihre eigene Kraft angewiesen, wenn sie die Urteile dort in Form von gespiegelten Erfahrungen oder Impulsen wiedererleben, dann würde das Erlebte höchstens die Klarheit eines sehr lebhaften Traumes haben. Jene Urteile müssen ausgeglichen und in die Weltenäthersubstanz eingeschrieben werden. Die Eindringlichkeit, mit der das alles erlebt und durchgemacht wird, ist von höchster Intensität, und das ist der Wirksamkeit jener übermenschlichen Wesen zuzuschreiben, die die Bilder mit ihrem Sein durchdringen.

Diese Schilderungen sind Ergebnisse geschulten Hellsehens. Die Tatsache, daß in den Sterbeerfahrungen der Regressionsliteratur nicht von dergleichen Erlebnissen berichtet wird, deutet auf den

95

grundlegenden Unterschied zwischen Regressionserfahrungen und geisteswissenschaftlichen Forschungsresultaten hin.

Joel L. Whitton bringt in seinem Buch *Das Leben zwischen den Leben* aus seiner therapeutischen Erfahrung das Dasein zwischen Tod und Wiedergeburt in Verbindung mit dem Bardo[105] des tibetische Totenbuches und den Überlieferungen anderer Kultur- und Naturvölker. Soweit es sich um Erfahrungen unmittelbar nach der Todesstunde handelt, können wir diese Bardo-Region mit der Mondensphäre gleichstellen. Whitton bezieht sich auf Mitteilungen, die seine Versuchspersonen oder Patienten unter Hypnose weitergegeben haben. Diese Berichte weisen zwar interessante Berührungspunkte mit den geisteswissenschaftlichen Erkenntnissen auf, besitzen aber nun einmal nicht ihre eindringliche Konkretheit und Dramatik.

Rudolf Steiner betont, daß während des Kamaloka-Rückblicks die Bilder, die noch stark mit dem abgelaufenen irdischen Leben zusammenhängen, unter Einfluß der Mondenwesen so radikal verändert werden, daß sie eine Realität annehmen, die sich völlig von der irdischen Wirklichkeit unterscheidet. Damit ist gemeint, daß die irdische Wirklichkeit meist die eigentliche Essenz verbirgt. So bleibt z.B. meist das, was die Essenz einer Beziehung zwischen zwei Menschen ausmacht, verborgen. Die Mondenwesen nun zeigen eine solche Beziehung unverhüllt.

In der Mondensphäre befinden sich aber auch noch andere Wesenheiten, und auch mit ihnen hat der Mensch Begegnungen. An erster Stelle stehen hier die bereits genannten ›Engel‹. Sie befinden sich auf der untersten Stufe der neungliedrigen kosmischen Rangordnung der göttlichen Wesen, die Steiner im Anschluß an den großen christlichen Eingeweihten Paulus und dessen Freund und Schüler Dionysius Areopagita[106] die »himmlischen Hierarchien« nennt.

Im fünften Kapitel sprachen wir bereits über die Bestandteile des menschlichen Schicksals, in denen die Wirksamkeit der drei mal drei himmlischen Rangordnungen zum Ausdruck kommt. Die erste Region, die mit den Wachstums- und Lebenskräften in Verbindung steht, ist das Wirkungsfeld der dritten Hierarchie, die aus drei

Stufen besteht: *Engel*, *Erzengel* und *Archai*, auch Zeitgeister oder Geister der Persönlichkeit genannt. Die Engel sind die Bewohner der Mondensphäre. Die daran angrenzende Merkursphäre ist das Gebiet der Erzengel. Die Geister der Persönlichkeit wiederum haben ihre kosmische Wohnstätte in der Venussphäre. Es sei hier noch einmal betont, daß die geistigen Regionen einander vollkommen durchdringen. Hier auf der Erde sind wir von diesen Sphären ebenso umgeben wie im nachtodlichen Leben; wir werden aber durch unser irdisches Bewußtsein daran gehindert, diese Sphären und ihre Bewohner direkt wahrzunehmen. Um einem Engel zu begegnen, bevor der Tod einen in dessen Reich führt, braucht man keinen Weltraumflug zum Mond zu machen – die Astronauten haben keinen Engel gesehen! Doch kann man sein Denken so regsam werden lassen, daß es der exakten Einbildungskraft (Imagination) nahekommt, mit der man zur Empfindung oder sogar zur Anschauung von Engeln gelangen kann. Auch durch das Gebet kann man den Engeln sehr nahekommen. In unserer Zeit haben viele Menschen Engelerfahrungen; eine interessante Literatur berichtet davon.

Engel sind die hierarchischen Wesen, die die Menschen begleiten und die sie durch die aufeinanderfolgenden irdischen Existenzen führen. Diese individuelle Begleitung geben sie den Menschen aus der Mondensphäre heraus. Wenn der Mensch sich auf der Erde bereits mit der Realität solcher Wesen vertraut gemacht hat, wird ihm die spätere Begegnung im nachtodlichen Leben leichterfallen. Das gilt übrigens für alle Begegnungen in den höheren Sphären. Wer sich während seines Lebens gänzlich von jeglicher Spiritualität abgewandt hat, sich ausschließlich um materielle Dinge gekümmert hat und nur geistlose Gedanken und banale Gefühle gehegt hat, wird in den kosmischen Sphären, durch die die Geist-Seele nach dem Tod hindurchgeht, wie ein Blinder und Tauber sein, ohne Möglichkeit zum Kontakt mit seinen Mitverstorbenen oder mit höheren, hierarchischen Wesen. Er vermag nur das zu sehen, was er aus sich selbst heraus sichtbar machen kann. Dieser Zustand ist von den irdischen Verhältnissen völlig verschieden. Hier auf Erden kann ein verstockter, unmoralischer Mensch durchaus das Gute,

Schöne und Wahre wahrnehmen, wenngleich er sich nicht viel darum kümmern wird. Nach seinem Tod aber wird er solche Wahrnehmungen nicht länger haben, weil er keinerlei Bezug zu ihnen hergestellt hat. Er wird im Zwischendasein in der Einsamkeit der eigenen Finsternis leben. Solche isolierten Seelen werden von geistigen Wesen niederer, dämonischer Rangordnung besetzt, die sie wahrnehmen können. Diese Wesen nehmen die Seelen in ihren Dienst und zwingen sie, an störenden, menschenfeindlichen Impulsen in der Welt, wie Epidemien, Naturkatastrophen, Kriege und andere Gewalttätigkeiten, mitzuarbeiten.

Auch die Verarbeitung des eigenen Karma und der Aufbau des neuen Körpers für die kommende Inkarnation wird in hohem Maße gefördert oder gehemmt, je nachdem die Seele im Zwischendasein Begegnungen mit geistigen Wesen haben kann oder nicht. Wer nicht imstande ist, sie wahrzunehmen, weil er während seines irdischen Lebens die Bedingungen dazu nicht geschaffen hat, kann auch die Gaben, die diese höheren Mächte ihm zur Gestaltung seines zukünftigen irdischen Daseins darreichen wollen, nicht in Empfang nehmen. Er wird für seine nächste Inkarnation keine ausreichende Grundlage haben.

Der Gang durch die Sphären der Innenplaneten Mond, Merkur und Venus ist in jeder Hinsicht von der Verarbeitung des gerade beendeten Erdenlebens gekennzeichnet. Hier wird nicht nur die Bilanz von Einnahmen und Ausgaben aufgestellt, auch die Bindungen an die negativen Posten der Bilanz müssen hier gelöst werden. Jenseits der Sonnensphäre breitet sich das ›Land des Geistes‹ oder das Devachan[107] aus. Auch die Außenplaneten Mars, Jupiter und Saturn, die natürlich jeweils ihre spezifische Sphäre haben, gehören in gewisser Hinsicht zum Sonnenhimmel. Nach dieser Wanderung durch die Planetensphären wird die menschliche Wesenheit in ein höheres, geistiges Reich aufgenommen und lebt als Geist unter Geistern. Kein Rest irdischen Daseins kann in dieses Reich hinübergetragen werden. Ein solcher muß in der Astralwelt zurückgelassen werden.

In der Mondensphäre läßt der Mensch dasjenige zurück, was man sein moralisches ›Schuldpaket‹ nennen könnte. Bei der Rückkehr zur Erde, zu einer neuen Geburt durchläuft der Ich-Geist erneut alle Planetensphären, doch in umgekehrter Reihenfolge. Wiederum im Reich des Mondes angelangt, muß er das zurückgebliebene Paket wieder aufnehmen, damit etwas von der alten Schuld aus dem vorigen Leben in der neuen Existenz abbezahlt werden kann. Im Hinblick darauf haben die höheren Hierarchien den Schicksalszusammenhang vorbereitet: Der Mensch wird auf der Erde wirklich den Personen wiederbegegnen, an denen er etwas gutzumachen hat. Es wird ihm gerade dasjenige begegnen, ob angenehm oder nicht, das ihm ermöglicht, einen karmischen Ausgleich durchzumachen.

In der Merkursphäre muß der Mensch auf dem Hinweg mit all dem abrechnen, was als Krankheitsveranlagung oder Konstitutionsschwäche an ihm haftet. Auch wenn er nun über keinen physischen Körper mehr verfügt, bestehen die geistigen Gegenbilder von Krankheiten und körperlichen Behinderungen noch in seinem Astralleib. Wer während seines irdischen Lebenslaufes eine Krankheit als karmischen Ausgleich durchgemacht hat und dadurch in seiner Entwicklung fortgeschritten ist, dem muß nun noch diese Krankheitsveranlagung abgenommen werden. Wenn die hierarchischen Wesen der Merkursphäre (Erzengel) solche irdischen Überreste in Empfang nehmen, tragen sie diese als Heilungskraft in die höhere Welt hinein.

Wir sehen also, daß nach dem Tod erst die moralischen und dann die körperlichen Schwächen abgelegt werden. Das läßt sich leicht einsehen, wenn man sich vergegenwärtigt, daß der Mensch eine Einheit bildet: Ist der Körper krank, sind auch Seele und Geist in Mitleidenschaft gezogen. Dadurch, daß der Mensch während der ersten planetarischen Etappe der Zwischenphase sich von all dem befreien muß, was ihm als Bosheit oder Veranlagung für Krankheit oder Behinderung innewohnt, werden ihm im gewissen Sinne Teile seines Wesens abgenommen. Denn mit diesem, ihm ›anhaftenden‹ Bestandteil ist nicht nur eine locker mit ihm verbundene Außenseite gemeint, sondern eine Komponente seines Selbst. Stellen Sie sich einen durch und durch schlechten Menschen vor, der nicht das Geringste an Güte in sich birgt. Ein solcher Mensch müßte eigentlich ganz und gar in der Mondensphäre zurückbleiben. Theoretisch ist ein solcher Fall zwar denkbar, in Wirklichkeit aber hat jeder Mensch, auch der grausamste Verbrecher noch einen Funken Güte in seiner Seele. Die Geschichte dieses Jahrhunderts zeigt uns, daß dieses Fünkchen bei bestimmten Menschen freilich minimal gewesen sein muß.

Wenn wir die Merkursphäre verlassen und in die Venussphäre eintreten, sind wir keine ganzen Menschen mehr, sondern verkrüppelte. Man kann hier an die Skulptur »Die zerstörte Stadt« denken, die Zadkine[108] nach dem zweiten Weltkrieg für die geschundene Stadt Rotterdam machte. Nur durch die hohe geistige Liebe, die uns in der Venussphäre erfüllt, sind wir imstande, unsere Wanderung zur Sonnensphäre hin fortzusetzen, oder besser gesagt: Von der kosmischen Liebeskraft der Venushierarchie (Archai oder Geister der Persönlichkeit) werden wir als unvollkommene menschliche Wesen in das Sonnenreich getragen. Dasjenige, was abgezogen wurde und was wir bei der Rückkehr zur Erde wiederum in unser Wesen integrieren müssen, um daran den karmischen Ausgleich zu erfahren, ist nicht durch die Sonnensphäre und das höhere Gebiet der geistigen Welt gegangen. Auf diesen ›untersonnigen‹ Teil des Karma werde ich im nächsten Kapitel noch zurückkommen.

Wie schon gesagt, ist die Chance zu Begegnungen in den höheren Welten von der Lebensweise des betreffenden Menschen abhängig. Jemand, der lieblos durchs Leben geht, beraubt sich selbst des Bewußtseins, das ihn in der Venussphäre die Liebeskraft erfahren lassen würde. Er wird in dieser Sphäre dann ihren Gegenbildern ausgeliefert sein, die aus den zügellosen Kräften des Jähzorns und der Wut bestehen.

Die Sonnensphäre wird von den Wesen der zweiten Hierarchie bewohnt, die bereits im fünften Kapitel als die Gestalter des zweiten Karmagliedes genannt wurden. Sie besteht aus dem inneren Gewebe von Sympathien und Antipathien. Die Namen dieser Wesen sind: *Exusiai* oder Geister der Form (ihr hebräischer Name ist »Elohim«), *Dynameis* oder Geister der Bewegung und *Kyriotetes* oder Geister der Weisheit.

Hier sind wir im Herzen des Weltenalls, im eigentlichen ›Land des Geistes‹ angelangt. Hier wird die Bildung eines neuen irdischen Körpers vorbereitet, und es werden die karmischen Daten zu den Schicksalsfügungen des folgenden Lebens verarbeitet und umgestaltet.

Im Sonnenreich lebt der menschliche Geist nicht nur mit den Wesenheiten der zweiten Hierarchie und mit denjenigen Verstorbenen zusammen, mit denen er auf der Erde karmisch verbunden war, sondern auch noch mit anderen Menschen, die nicht unmittelbar im vorigen Leben zu seinen Verwandten, Freunden und Bekannten zählten. In der Sonnensphäre wird der Mensch ganz und gar ein kosmisches Wesen. Wenn er unvollständig ist, weil er, wie zuvor beschrieben, in moralischer und körperlicher Hinsicht manches abgelegt hat, wird er nun von den Venus- und Sonnenwesen wieder vervollständigt. Er lebt als individuelle Einheit doch auch zugleich im Göttlich-Menschlichen; er ist ein ›Menschheitswesen‹ geworden. Im Bereich dieser und noch höherer Planetensphären gelten ausschließlich moralische Gesetze. Der moderne Astrophysiker wäre sicher sehr erstaunt, wenn er statt aus seinem irdisch-materiellen aus einem spirituellen Bewußtsein heraus die Sonne in ›Augenschein‹ nehmen könnte.

Während dieses Aufenthaltes im Zwischendasein wird der Keim für den zukünftigen physischen Leib gebildet. Dieser kosmische Keim ist so groß wie das ganze geistige Firmament. In ihm erschaffen die höchsten schöpferischen Wesenheiten aus Sternenwelten, oder eigentlich jenseits der Sterne, den göttlichen Ursprung unserer Körperlichkeit, und zwar nicht nur nach Gottes Bild, sondern wie ein Bild Gottes. In diese Tat wird der menschliche Geist ganz mit einbezogen. Dadurch erlebt er das Reich Gottes als ›Seligkeit‹, als höchste Erfüllung. Alle menschlichen Geistwesen weben zusammen mit den hierarchischen Wesen an dem kosmischen Keim, der, zu einem mikroskopisch kleinen Menschenkeim komprimiert, auf Erden in jedem Mensch wirksam bleibt, und zwar als das ›Vaterbild‹ oder der ›himmlische Tempel‹ in dem wundervollen Bau des physischen Körpers. Durch die jeweils vorherrschende karmische Notwendigkeit wird der Körper mit Hilfe des neuen Astral- und Ätherleibes individualisiert. Diese fügen auf dem Weg zur irdischen Wiedergeburt die karmischen Wirkungen dem künftigen Erdenmenschen ein. Der tiefste Ursprung des Menschen ist jedoch der kosmische Keim oder kosmische All-Leib: Durch unseren physischen Körper sind wir alle in Wirklichkeit, also nicht nur in einem religiösen Sinn, Kinder desselben Vaters!

Die Hierarchien arbeiten nicht nur an diesem kosmischen Keim, sie bereiten auch noch die Verwirklichung der karmischen Folgen für das nächste irdische Dasein vor. Diese karmischen Konsequenzen, die die Hierarchien zusammen mit dem menschlichen Ich-Wesen als das Ergebnis des vergangenen Lebens ausarbeiten, bilden in erster Instanz ein moralisch-geistiges Gewebe. Hieraus muß dann auf der Erde, also auf dem materiellen Plan, das Netz von Beziehungen, Ereignissen, Begegnungen usw. geknüpft werden. Und diese Umwandlung von der geistig-moralischen in die physische Wirklichkeit wird nun durch die höchsten Wesen, nämlich die der ersten Hierarchie vollzogen. Sie gestalten den dritten Bestandteil des Lebensschicksals, über das wir im fünften Kapitel gesprochen haben. Sie bewohnen die Sphären der Außenplaneten (Mars, Jupiter und Saturn). Die *Throne* oder Geister des Willens haben als Arbeitsfeld die Marssphäre. Die *Cherubim* oder Geister der Harmonien arbeiten aus der Jupitersphäre heraus, und die *Seraphim* oder Geister der Liebe, sind als Geister der Saturnsphäre die höchsten Diener der dreifaltigen Gottheit; sie sind sowohl ›Organe‹ der Gottheit als auch himmlische Wesenheiten.

In den Wirkungsfeldern der Außenplaneten wird das nun kosmisch gewordene menschliche Wesen, das sich zu einem sphärisch umspannenden Dasein ausgebreitet hat, sehr außergewöhnliche Erfahrungen sammeln. Diese können nur unbeholfen und andeutungsweise beschrieben werden. In der Sonnensphäre wird der Mensch in eine schöpferische Welt von klingenden Harmonien aufgenommen. In der darauffolgenden Marssphäre tritt er in die Welt des schöpferischen Wortes ein. Er wird selbst zur individuellen Wortschöpfung inmitten der hierarchischen Marswesen, die aus der klingenden Weltensprache bestehen. Sie lassen das Weltenwort in den Kosmos ausströmen und sind zugleich seine Hüter.

Dann kommt der Mensch in die Sphäre des Jupiterplaneten. Dort wohnen die hohen geistigen Wesen, die die Hüter der Gedanken sind. In der Jupitersphäre und auch schon in der Marssphäre bildet der Mensch die Anlage zu seinen Kopfkräften für die folgende Inkarnation aus. Denn wenn er nach dem Abstieg auf die Erde den Kopf als ein Organ, mit dem er die Welt begreifen kann, gebrauchen will, muß er zuvor während des Zwischendaseins, nämlich in der Mars- und Jupitersphäre, die Wort- und Gedankengeheimnisse des Kosmos kennengelernt haben. Auf der Erde nämlich sprechen Minerale, Pflanzen und Tiere ihre Wesenhaftigkeit in einer Sprache, in Gedanken aus, die der Mensch erfassen und verstehen lernen kann. Diese Sprache und Gedanken sind nichts anderes als das, was eine höhere Welt in sie hineingelegt hat. Der Mensch kann auf Erden nur dann etwas über die genannten Naturreiche erfahren, wenn er im Vorgeburtlichen die kosmische Sprache und die kosmischen Gedanken kennengelernt hat, die der Natur zugrunde liegen. Sie sind von einer so großen Macht und Erhabenheit, daß im Vergleich zu ihnen die irdische Welt nur ihr schwacher Abglanz ist. Während der geistigen Vorbereitung auf das irdische Leben ist der Mensch wirklich unmittelbar mit der höchsten Göttlichkeit verbunden. Auch wenn wir uns an diesen Zustand nicht bewußt erinnern und auch wenn wir nur unbedeutende Figuren in diesem überwältigenden und erhabenen Weltenall zu sein scheinen, wurzelt unser Menschsein dennoch in diesen Welten. Dieses Wissen ruft in uns keine Überheblichkeit hervor, sondern Verantwortungsgefühl.

Auf den Jupiter folgt der Saturn. Die Wesen dieser Region bringen an den Menschen das Weltengedächtnis heran. So wie der Mensch in der Marssphäre die Sprache der Götter, in der Jupitersphäre die Gedanken der Götter kennenlernt, lernt er in der Saturnsphäre die Erinnerung der Götter kennen. Die höchste Hierarchie bewahrt in ihrem Wirkungsfeld die Erinnerung an alles, was irgendwann in unserem Planetensystem geschehen ist. Der Mensch kann hier als kosmisches Wesen in vollkommener Weise mit den Göttern leben und auch in das noch höhere Gebiet der Fixsterne aufsteigen. Aus ihm wiederum kann er zur Erde zurückkehren. Bevor der Ich-Geist den Rückweg antritt, steht er in der ›mitternächtlichen Stunde‹ zwischen Tod und neuer Geburt. Alles, was er in den höheren geistigen Sphären erfahren hat, muß in einem neuen irdischen Dasein fortgesetzt werden. Dazu muß auf Erden ein doppelter Generationsstrom gefunden werden, der der Individualität das bestmögliche erbliche Gefährt bietet, um ihr Karma zu verwirklichen. Diese Vorbereitung nimmt eine lange Zeit in Anspruch.

Jemand, dessen karmischer Auftrag es z.B. ist, wichtige musikalische Impulse in die Menschheitsentwicklung einzubringen, wird von der geistigen Welt heraus einen Erbstrom aussuchen, der ihm dazu die Gelegenheit bietet. Allgemein bekannt ist, daß der geniale Musiker und Komponist Johann Sebastian Bach[109] in eine Familie hineingeboren wurde, die seit zwei Jahrhunderten in Deutschland ungewöhnlich begabte Musiker hervorbrachte. Es ist nicht so, daß Johann Sebastian ein großer Komponist werden konnte, weil er die Musikalität von seinen Eltern und Vorfahren geerbt hätte, sondern sein musikalisches Genie bevorzugte diesen Erbstrom, weil darin die körperliche Grundlage (ein fabelhaft gutes Gehörorgan) und die psychischen Voraussetzungen gegeben waren, die er für die Erfüllung seiner karmischen Mission am besten gebrauchen konnte.

Dieses Motiv der Auswahl eines Elternpaares ist auch in der Regressionsliteratur zu finden. In Karl Mullers *Reincarnation, based on facts*[110] wird als Beispiel von bewußter Elternauswahl von dem Fall eines Jungen berichtet, der seinen Eltern anvertraute, daß er, »als er vor langer Zeit noch bei Gott war«, sie bereits ausgesucht hatte. Er erzählte ihnen, daß er damals vor der Aufgabe stand, sich seinen zukünftigen Vater auszusuchen. Er sah einen Jungen, der in einem Konzert Geige spielte. Als eine Saite seines Instruments riß, spielte der Junge so gut er konnte weiter. »Das wird mein Vater!« rief der Junge, als er »noch bei Gott war«. Dieser Vorfall mit der gerissenen Saite hatte sich tatsächlich abgespielt, als der Vater noch ein Schuljunge war.

In den Regressionsbeschreibungen ist selten die Rede von einer Individualität, die während ihres Aufenthalts in der geistigen Welt auch über Jahrhunderte hinweg verfolgt, wie aus den Generationsströmen zwei Menschen, ein Mann und eine Frau, hervorgehen, die in ihrer nächsten Inkarnation ihre Eltern sein sollen. Meistens handelt es sich in bezug auf das zukünftige Elternpaar um eine ›kurzfristige Planung‹, wie in dem eben geschilderten Beispiel.

Auf der Rückreise zur Erde durchwandert der menschliche Geist die Planetensphären in umgekehrter Reihenfolge. Je nachdem, wie sich das individuelle Karma gestaltet, hält ein Geist sich kürzer oder länger in einer bestimmten Sphäre auf und nimmt besondere planetarische Qualitäten in sich auf, die seiner nächsten Inkarnation eine starke ›Färbung‹ geben werden. Rudolf Steiner führt hierzu einige treffende Beispiele an. Der außergewöhnlich aggressive und schriftstellerisch hochbegabte sowie redegewandte französische Autor Voltaire[111] z.B. bereitete seine Inkarnation im 18. Jahrhundert dadurch vor, daß er lange Zeit in der Marssphäre verbrachte. Sowohl der französische Schriftsteller Victor Hugo[112] als auch der Dichter Friedrich Schiller[113] brachten die Hauptfarbe ihrer karmischen Veranlagung aus der Saturnsphäre mit. Goethe bekam seine Färbung aus der Jupitersphäre.[114] Solche Mitteilungen aus geisteswissenschaftlicher Quelle können auf Werk und Charakter der betreffenden Personen ein erhellendes Licht werfen. Selbstverständlich liefert dieses Wissen um die karmischen Zusammenhänge jedoch noch keine erschöpfende Erklärung der Biographie des einzelnen.

Über die Wiederaufnahme der karmischen Last in der ›untersonnigen‹ Region wurde vorhin schon gesprochen. Mittels des neuen Astralleibes, der durch das Ich aus der Astralwelt angezogen oder angesaugt wird, und des neuen Ätherleibes, der auf eine ähnliche Weise zustande kommt, wird der erste und zweite Bestandteil in das Karma eingefügt. So wie nach dem Tod das Äthertableau dem Menschen sein zurückliegendes Erdenleben zeigt, so bekommt er kurz vor der neuen Geburt einen Vorausblick auf das kommende Leben. Man darf sich hierbei kein detailliertes Bild vorstellen, sondern eher eine Art Vorschau, die das karmische Gewebe mehr in einem Überblick zeigt. Dieses Gewebe wurde in der geistigen Sphäre von den Hierarchien nicht nur angefertigt, sondern sogar ›vor-gelebt‹.

In diesem Kapitel wollte ich den Blick vor allem auf fundamentale Einsichten der anthroposophischen Karmalehre lenken. Ein richtiges Begreifen der Phase zwischen Tod und neuer Geburt setzt eine völlige Verwandlung des Denkens voraus. Auch wird dieses Zwischenstadium durch eine besonders große Komplexität gekennzeichnet, und das Zustandekommen einer neuen Inkarnation ist ein unerhört erhabener Vorgang, an dem alle Hierarchien beteiligt sind. Das gilt im Prinzip für jeden Menschen. Freilich ist bei vielen Menschen, wegen der um sich greifenden materialistischen Gesinnung, das Bewußtsein auf der Reise durch die kosmischen Sphären so abgestumpft oder ganz verfinstert, daß sie später, wenn sie wiederum auf dem irdischen Plan angelangt sind, ›Erinnerungen‹ an die kosmische Hin- und Rückreise nicht ohne weiteres hervorrufen können.

Wir müssen nun noch tiefer in die geistigen Wirkungen vordringen, um den wichtigsten Aspekt der karmischen Zusammenhänge, nämlich den der Metamorphose oder Umwandlung zu verstehen. Bisher habe ich diesen Begriff nur in seiner allgemeinen Form angewandt; jetzt möchte ich konkreter darauf eingehen.

# Metamorphose als karmische Gesetzmäßigkeit

Der Grundstein für eine Wissenschaft des Karma wurde bereits hundert Jahre vor Rudolf Steiner von Goethe gelegt, als dieser 1790 seinen Beobachtungen und Gedanken über die *Metamorphose der Pflanzen* eine erste abgerundete Form gab. Hiermit bekannte er sich zu einer neuen wissenschaftlichen Denk- und Forschungsart, die einen eigenen Zugang zu der Wirklichkeit der organischen Welt ermöglichte. Das, was Kopernikus und Kepler[115] auf dem Gebiet der mechanischen Gesetzmäßigkeiten des Weltalls entdeckt hatten, entdeckte Goethe für den Bereich des Lebens und des Wachstums im zentralen Gedanken der Metamorphose. Rudolf Steiner stellte Goethe auf dieselbe Ebene wie Kopernikus und Kepler. Dadurch betonte er die herausragende Bedeutung von Goethes naturwissenschaftlicher Arbeit, vor allem auf dem Gebiet der Morphologie, der Lehre von der Gestalt und vom Aufbau der Organismen.

Die Gesetzmäßigkeit der Verwandlung oder Metamorphose hat Goethe nicht nur an den Pflanzen abgelesen. Auch im Tierreich entdeckte er das Prinzip der Umwandlung, nämlich an den Formen der Skelettknochen. Doch diese Gesetzmäßigkeit wirkt sich noch umfassender aus.

Was war nun das eigentlich Neue an Goethes Metamorphose-konzept? Er entwickelte eine Form des Denkens, die es dem modernen Menschen ermöglicht, auf eine reale Weise in die kosmische Welt einzutreten. Damit schuf er die Grundlage für ein lebendiges Denken und tat den ersten Schritt zu der bereits geschilderten Erweiterung der Erkenntnisfähigkeit, die zur Entwicklung des imaginativen Bewußtseins und damit zur Wahrnehmung geistiger Bilder führen kann, die mit konkreten geistigen Realitäten zusammenhängen. Goethes innere Natur widersetzte sich dem toten Systemdenken seiner Vorgänger und Zeitgenossen, die das Pflanzenreich nur auf äußere Merkmale untersuchten und zufrieden waren, sobald alles in Schemata gebracht war. Er suchte nach dem, was in allen Pflanzen, wie verschieden ihre äußerliche Erscheinung auch sein mochte, als übergeordnetes Pflanzenprinzip waltete. Die Wirksamkeit dieses Prinzips weist die Pflanze als Pflanze aus. Es ist in allen Pflanzen wirksam, wird aber in seiner Totalität niemals sichtbar, weil es die unerschöpfliche Quelle aller Möglichkeiten in sich trägt. Goethe forschte nach der ›Urpflanze‹ oder dem Pflanzentypus schlechthin.

Er beobachtete die Pflanzen aufs genaueste und entdeckte, daß die verschiedenen Organe, die bei einer blühenden Pflanze zu sehen sind, nichts anderes als Erscheinungsformen desselben Prinzips sind, nämlich des Blattprinzips: Unten sieht man die groben, noch wenig ausgeformten Blätter, weiter oben treten die feineren Formen des Stengelblattes auf, und an der Spitze ist wiederum eine andere Gestaltung zu erkennen: die gefärbten Blütenblätter. Diese und sogar der Stempel und die Staubgefäße sind – wenn auch nicht auf den ersten Blick, aber doch offensichtlich – Metamorphosen des Blattes. Und schließlich liegt selbst dem zur Frucht gereiften Fruchtknoten noch das Blattprinzip zugrunde.

Goethe erkannte dieses Grundprinzip der Metamorphose als zwischen den Polen Licht und Schwere, Sonne und Erde wirksam, und zwar nicht bei irgendeinem Exemplar einer bestimmten Pflanzenart, sondern im ganzen Pflanzenreich. Bei der einen Pflanze entwickeln sich in einem ruhigen Wachstumstempo aus dem Samen Wurzel und Stengel mit festen Stengelblättern; diese können allmählich das volle Licht der Frühlingssonne auffangen und verarbeiten. Die Pflanze hat Zeit, langsam und sorgfältig eine Blütenknospe zu bilden und allmählich ihre bezaubernde Farbenpracht zu entfalten. Staubgefäße und Stempel werden von Insekten besucht, oder der Wind nimmt den Blütenstaub überall hin mit. Befruchtung und Reifung verlaufen behaglich langsam; in aller Ruhe und feinster Ausgestaltung schließt sich der Kreislauf. Nichts von alledem trifft man dagegen bei einer ganz andersgearteten Pflanze an. Sie fristet in der Nachsaison ein kurzes und kümmerliches Dasein, alles geht so rasch vonstatten, daß sie sich kaum dem Boden verbinden kann. Blätter, Stengel und Blüte sind durch Eile und Mangel an erweckendem Licht ineinandergeschoben und unausgestaltet: ein Pilz! Dennoch ist es eine echte Pflanze, in der sich das Pflanzenwesen nun einmal auf andere Weise als z.b. bei einer Sonnenblume manifestiert.

Schaut man einmal auf diese Art die lebendigen Organismen an, so darf man nicht bei den starren Formen stehenbleiben. Man muß versuchen, mit seinem Denken das bewegende lebendige Prinzip wahrzunehmen. Dann wird man imstande sein, den ›Geist‹ zu denken, das Ideelle als etwas Reales zu betrachten und es vielleicht, ebenso wie Goethe, zu ›schauen‹.

Goethe blieb nicht bei den Pflanzen stehen, er wollte auch in die Formensprache des Tierreiches vordringen. Er ahnte, daß man auch auf diesen Bereich den Metamorphosegedanken anwenden kann. Beim Tier zeigt sich das Metamorphoseprinzip allerdings nicht so offenkundig – das Denken kann sich hier nicht wie bei der Betrachtung der Pflanze Schritt für Schritt von einem Organ zum anderen bewegen. Doch ein glücklicher Zufall kam Goethe zu Hilfe. Während der Heimreise von Italien 1790 fand er auf dem Strand in Venedig einen Schafsschädel,[116] der, wahrscheinlich unter Einwirkung des Wassers, auseinandergebrochen war. Die Knochenteile lagen so angeordnet da, daß Goethes geschulter Blick die Formverwandlungen erkennen konnte, die er so schon lange geahnt hatte, nämlich die Metamorphose von den Rückenwirbeln in die Schädelknochen.

Diese Entdeckung gab ihm die Sicherheit, daß seine ›Wirbeltheorie‹, nach der alle Knochen des Skeletts Erscheinungen einer Urform sind, berechtigt ist. So sind ja auch die verschiedenen Organe einer Pflanze als Metamorphosen des Blattprinzips aufzufassen. Die ideelle Urform oder der Typus drückt sich im Tier am deutlichsten im Rückenwirbel und den damit verbundenen Rippen aus. Beim Menschen ist das nicht anders.

Goethe konnte aber in dieser Richtung nicht weitergehen, weil seine ›anschauende Urteilskraft‹ zwar dem imaginativen Bewußtsein sehr nahe kam, aber doch noch keine freie Imaginationskraft war. So konnte er seine Metamorphosenlehre selbst nicht mehr weiterentwickeln. Aus dieser folgt aber, daß der menschliche Kopf als eine Umwandlung des übrigen Körpers aufgefaßt werden muß, und zwar so, daß der Kopf der jetzigen Inkarnation eine Umwandlung des Körpers aus der vorigen Inkarnation darstellt. Selbstverständlich handelt es sich dabei nicht um Stoffliches, das sich metamorphosiert. Die Materie, aus der unser Leib besteht, vergeht und kann also nicht die Stofflichkeit unseres nächsten Kopfes liefern. Das Form-Kräftespiel aber, das heute in unserem Rumpf und den Gliedmaßen tätig ist, wird während des nachtodlichen Zwischendaseins zu den Kopfeskräften für die kommende Inkarnation umgestaltet.

Dieses Ablesen des ›Metamorphosegeheimnisses‹ am Skelett hat anthroposophisch orientierte Naturforscher und Ärzte im Laufe der Zeit stark beschäftigt. In den Niederlanden war es vor allem Leen Mees[117], der sich ein Leben lang in dieses Gebiet vertieft hat. Das Ergebnis seiner Forschung ist das Buch *Das menschliche Skelett, Form und Metamorphose.* Es ist nicht meine Absicht, auf den Inhalt dieser Arbeit einzugehen, wohl aber auf die Denkart, die solchen Studien zugrunde liegt. Denn hier ist neben der bereits erwähnten Regsamkeit des lebendigen Denkens auch ein künstlerischer Blick gefragt, mit dem die Formen angeschaut werden müssen, um den manchmal nicht unmittelbar durchschaubaren Übergang von der einen in die andere Erscheinungsform zu erfassen.

Dieser künstlerische Blick kann uns helfen, die immer etwas kühl-neugierige, intellektuelle Annäherungsweise, mit der wir z.B. einen Mitmenschen kennenlernen, zu erwärmen und zu vermenschlichen. Wenn wir wissen, daß der Kopf eines Menschen der umgewandelte Körper aus seiner vorigen Inkarnation ist und daß dieser Körper damals Träger von Gefühlen und Willensimpulsen war, kann die Wahrnehmung seines Gesichtes und seiner Kopfform uns dazu inspirieren, diese Schädelform als eine Metamorphose phantasievoll und vor allem mit der größten Ehrfurcht –

denn sie ist das Werk der göttlichen Hierarchien – gedanklich ›auseinanderzunehmen‹. Auf diese Weise kann man eine leise Ahnung von den tieferen Intentionen bekommen, die dieses Wesen, das vor uns steht, aus dem vorigen Leben mitbringt.

Ich werde nun in Kürze den Umgestaltungsvorgang beschreiben, der den Körper in eine künftige Kopfform hinüberführt. Dabei stütze ich mich auf die Angaben in Rudolf Steiners Werk. Wenn der Mensch nach der Sterbestunde die geistige Welt betritt, hat er zwar seine irdischen Formen abgelegt, besitzt aber immer noch eine Art geistige Gestalt. Jemand, der das imaginative Bewußtsein entwickelt hat, kann sie, jedoch ohne räumliche Formen oder Größe angeben zu können, wahrnehmen und wie ein Bild beschreiben.

In diesem Bild der geistigen Gestalt ›verblaßt‹ der Kopf allmählich und verschwindet schließlich ganz. Manche werden den Gedanken, daß man nach dem Tod zuerst den Kopf verliert, als unangenehm empfinden, weil sie dieses Instrument der Vorstellungen und des Denkens als das Wichtigste im Menschen ansehen. Für andere ist es vielleicht eine große Erleichterung, das zu erfahren. Auf jeden Fall hat das Vorstellungsleben und das begriffliche Denken nach dem Tod keinerlei Wert mehr. Der Träger dieser irdischen Tätigkeiten gerät also völlig in den Hintergrund.

Der übrige Körper – Brust-, Unterleib- und Gliedmaßenbereich – tritt nun stärker hervor, aber nicht in seiner irdischen Erscheinung, sondern als Ausdruck des moralischen Wesens des Menschen. Dieses nimmt sozusagen einen physiognomischen[118] Charakter an. Alles, was der Mensch auf der Erde an Boshaftigkeit und Geringschätzung, an kritischen und gehässigen Urteilen oder unverschämten Begierden hinter einem unschuldigen Gesicht verbergen konnte, kommt nun unverblümt zum Vorschein. Sein Gesicht verschwindet und der Rest der geistigen Gestalt zeigt in zunehmendem Maße physiognomisch den Ausdruck seines moralischen Wesens. Es hat nunmehr keinen Zweck etwas leugnen, verbergen oder beschönigen zu wollen: Die Seele steht unverhüllt ihren Mitverstorbenen gegenüber. Sie lernen sich gegenseitig unerbittlich in

111

ihrer moralischen Nacktheit kennen. Es zeigt sich offen, inwieweit sie sich im vergangenen Erdenleben geliebt oder gehaßt haben, was sie einander Gutes oder Ungutes getan haben.

Zunächst geht es ausschließlich um Menschen, mit denen wir in der abgelaufenen irdischen Existenz durch ein gemeinsames Geschick verbunden waren. Auch die Wesen der dritten Hierarchie, die Engel, Erzengel und die Geister der Persönlichkeit werden, vor allem in der Kamalokazeit, wahrgenommen, und wir erfahren die Freude oder den Schmerz, die diese Wesenheiten an unserer moralischen Gestalt erleben.

Solange diese Phase des gegenseitigen Kennenlernens dauert, ist der Mensch noch gänzlich der Vergangenheit und den Erinnerungen an das vorige Leben auf Erden zugewandt. Dann folgt eine Zeit, in der das gegenseitige Kennenlernen zu einem Durchschauen der Schicksalsbeziehungen wird. Der Mensch begreift nun, wie sie aus der Vergangenheit heraus zu erklären sind, aber auch wie sie sich in Zukunft weiterentwickeln werden.

In dem Maße, in dem der Kopf verschwindet und sich in eine Art Nebel auflöst, wird das menschliche Wesen immer stärker von der Willenskraft durchdrungen. In den Zügen seiner moralischen Gestalt geht eine Veränderung vor, und zwar so, daß nun Zukunftsimpulse darin zu erkennen sind. Das geschieht während der Reise durch die Sphären der Innenplaneten Merkur und Venus. Der Mensch wird in das Kräftespiel der Planetenbewegungen aufgenommen und nähert sich dem Sonnenreich. Dort vollzieht sich der eigentliche Wandel: Die Vergangenheit wird zur Zukunft. Das bis dahin noch an die irdischen Erinnerungen gebundene Wesen des Menschen breitet sich nun zu einem kosmisch-sphärischen Menschen aus. Im Sonnenreich wird es zu einem geistigen Globus, das heißt, es wird eins mit dem Weltall, und zugleich spiegelt sich dieses Weltall in ihm wie eine Art geistiges Auge, in dem das eigene Schicksalsgewebe und das anderer Menschen wahrgenommen wird.

Wie im vorigen Kapitel beschrieben, ist der Mensch in der Sonnensphäre mit den Wesen der zweiten Hierarchie verbunden, also mit den Geistern der Form, der Bewegung und der Weisheit, und im weiteren Verlauf der Zwischenexistenz kommt er in das Wirkungsgebiet der ersten Hierarchie, nämlich in das der Throne, Cherubim und Seraphim. Jetzt können auch Begegnungen mit Menschen stattfinden, die er auf der Erde noch gar nicht kannte, die er aber im zukünftigen Leben kennenlernen wird. Eine Veränderung in der geistigen Gestalt bahnt sich an. Der physiognomische Ausdruck der moralischen Persönlichkeit wird immer deutlicher der Ausdruck des Lebensschicksals. In diesem Stadium ist die Gestalt aus den geistigen Bildekräften aufgebaut, die während des vorigen Lebens in den Stoffwechselorganen des Unterleibes und in den Gliedmaßen gearbeitet haben. Kopf und Brustpartie sind verschwunden.

Der Mensch hat während der zurückliegenden Inkarnation auf Erden durch die Tätigkeit seiner Hände und die Beweglichkeit seiner Füße vielerlei bewirkt, was in der Zukunft einen berechtigten Ausgleich bekommen wird. Das, was er nun in dieser kosmischen Phase an sich selbst erfährt als Bewegungen der ›Arme‹ und ›Hände‹, ›Beine‹ und ›Füße‹, sind bereits Offenbarungen karmischer Wirkungen; es sind Spiegelungen der Arbeit der himmlischen Hierarchien. Entsprechendes geht auch im ›Blutkreislauf‹ der Organe des Unterleibes vor sich, die in ihrem geistigen Kräftespiel die Folgen der Stimmungen und innerlichen Gesinnung zeigen, die der Mensch früher auf dem weltlichen Plan gehegt hat. Es handelt sich hier in jeder Hinsicht um eine Transformation des Alten ins Neue.

Die hierarchischen Wesen und die Menschen, die karmische Beziehungen zueinander haben, arbeiten nun an der Umgestaltung der Unterleibs- und Gliedmaßenkräfte, so daß sie zu den Kopfkräften der nächsten Inkarnation umgewandelt werden. Mit einem geschulten hellseherischen Blick kann man die Einzelschritte im Übersinnlichen verfolgen, so z.B. wie der ›Gehalt‹ der Beine in die Form des künftigen Unterkiefers umgewandelt wird, wie Arme und Hände zu Oberkiefer mit Jochbein und in das dazugehörige Nervensystem metamorphosiert werden. Der ganze ›Untermensch‹ wird in den zukünftigen ›Kopfmenschen‹ umgewandelt. Eindrucksvoll hierbei ist, daß wir das nicht nur alleine und für uns selbst tun, sondern daß diese Arbeit durch die Schicksalsverbundenheit auch von einem Menschen an einem anderen geleistet wird. Dadurch wird für das folgende Erdendasein die Grundlage für Verwandtschaft, Partnerschaft, Freundschaft oder welch positive oder negative Beziehung auch immer gelegt. Ich kann als Mensch also sagen: »Ich habe an dem Kopf meines Schicksalsgenossen ›modelliert‹ und er an meinem, in einem geistigen, aber doch sehr konkreten Sinn.« Die geistige Gestalt jedes menschlichen Hauptes wird wirklich von den höheren Hierarchien in gemeinsamer Arbeit mit den Menschen geformt, die karmisch miteinander verbunden sind.

Wir müssen uns aber stets darüber im klaren sein, daß es sich bei dieser Umwandlung des Unterleibes aus dem einen Leben hinüber in die Kopfformen des nächsten Lebens immer um eine Umwandlung moralisch-geistiger Kräfte handelt. Da ist noch nichts in greifbarer Ausgestaltung vorhanden, alles lebt in einer Qualitätswelt von Tönen, von Musik. Die neue Gestalt des menschlichen Kopfes ist nicht geistig anschaubar, sondern eben geistig hörbar. Das heißt, daß nur der Geistesforscher, der ein inspiratives Bewußtsein entwickelt hat, während seines irdischen Lebens diese Gestalt wahrnehmen kann.

Nach einer gewissen Zeit beginnt sich in dem inneren Zusammenklang von geistig melodischen und harmonischen Elementen eine Wortartikulation aufzutun. Es ist, als ob der Mensch anfinge, sein eigenes Wesen als Wort auszusprechen. Er wird immer mehr ein Teil des schöpferischen Weltenwortes und offenbart damit nicht nur das Allgemein-Menschliche, sondern auch sein individuelles Menschsein. Diese Wortoffenbarungen der karmatragenden menschlichen Wesen, die in den Wort-Kosmos hineinklingen, durchdringen einander. In diesen Sphären gibt es keine Trennung, weil es sich ja nicht um eine räumliche oder stoffliche Welt handelt. In diesem Ineinanderklingen erleben die Menschen ihren Schicksalszusammenhang. Hier wird das vorbereitet und verursacht, was sich später auf der Erde als Sympathie- und Antipathiegefühle, die den menschlichen Begegnungen zugrunde liegen, niederschlagen wird.

Wie im vorigen Kapitel beschrieben, wird das menschliche Wesen nach der Sonnenphase in die Wirkungsgebiete der Außenplaneten Mars, Jupiter und Saturn aufgenommen (diese müssen von einem bestimmten Gesichtspunkt aus auch noch zum ›Sonnenhimmel‹ gerechnet werden). Während dieses ganzen Zeitraumes – diese kosmischen Prozesse sind wirklich langwierig – wird der Kopf unter Einfluß derjenigen hierarchischen Wesen gebildet, die die Träger des Weltenwortes (Mars), der Weltgedanken (Jupiter) und des Weltgedächtnisses (Saturn) sind.

Wenn das Menschenwesen den Rückweg antritt, das heißt, wenn es zu einer neuen Verkörperung auf die Erde herabsteigt, müssen auch die Teile des neuen Körpers – Brust, Unterleib und Gliedmaßen – aus den kosmisch-geistigen Kräften aufgebaut werden. Die Rückreise geht nun, wie wir bereits gesehen haben, durch die Planetenzonen in umgekehrter Reihenfolge. In der Marssphäre wird das Sprachorgan, der Kehlkopf zusammen mit dem Ansatz der Lunge, dem geistigen Keim einverleibt. Das Herz wird in der Sonnensphäre als kosmisches Gebilde eingegliedert. Mit der geistigen Anlage des Herzens hängt eine besondere Erfahrung zusammen: Während der Schöpfung des kosmischen Herzens erlebt der Mensch, dieses Herz sowohl als umhüllend wie auch es durchdringend – er erlebt sein geistig-moralisches Wesen als solches.

Ehe diese kosmische Anlage mit der embryonalen Herzbildung in Verbindung tritt, die schließlich zu der Entstehung des physischen Herzens führt, fühlt sich der Mensch durch die Konzentration von alledem, was mit der Entstehung des psychisch-geistigen Wesens durch alle Inkarnationen und Entwicklungsphasen hindurch zu tun hat, zutiefst mit den Sonnenmächten (den Wesen der zweiten Hierarchie), die die eigentlichen Führer des Sonnensystems sind, verbunden. Dieses Erlebnis ist wie der Zusammenklang des eigenen ›Herzschlags‹ mit dem ›Herzschlag‹ des Weltalls. Das Großartige dieser Erlebnisse, wie sie von Rudolf Steiner geschildert werden, läßt sich kaum in eigenen Worten zusammenfassen. Weil es aber höchst unbefriedigend sein würde, dieses Kapitel mit einem langen Zitat aus einem Vortrag Steiners zu beschweren, verweise ich lieber auf den betreffenden Abschnitt in dem Vortragszyklus *Der übersinnliche Mensch, anthroposophisch erfaßt*,[119] im November 1923 in Den Haag gehalten.

Die Stoffwechselorgane, die sich im Unterleib befinden, werden erst in den niederen Planetensphären angelegt. Da es in diesem Kapitel um das Metamorphoseprinzip geht, und dieses Prinzip bei der Anlage dieser Organe keine Rolle spielt, werde ich diese Prozesse nicht ausführlich besprechen. Im allgemeinen kann man sagen, daß der Mensch, wenn er auf der Erde in einen neuen Leib einzieht, aus zwei Komponenten aufgebaut ist: aus einem Teil, der in seiner äußeren Form die Ergebnisse der karmischen Auswirkungen aufweist, nämlich aus dem Kopf und den Organen des Brustbereichs, und aus einem Teil, der zwar in den kosmischen Kräften seinen Ursprung hat, der aber als Form ›neu‹ ist. In diesen zweiten Bestandteil wird das Karma auf eine ›zwingendere‹ Weise eingebaut. Hier werden beispielsweise die karmischen Ausgleichsmöglichkeiten in Form von Krankheiten eingebaut. Letztere stammen aus dem ›untersonnigen‹ Teil und haben jenen zwingenderen Charakter, während die ›obersonnigen‹ Kräfte, die im Kopf zum Ausdruck kommen, den Menschen eher frei lassen. Diese zwei Komponenten kann man auch mit den Begriffen »Mondenkarma« und »Sonnenkarma« andeuten. Im Mondenkarma ist der Mensch mit der Vergangenheit beschäftigt; es gilt, ›Rechnungen zu begleichen‹ und ›alte‹ Beziehungen wiederaufzunehmen. Das Sonnenkarma dagegen zeigt nach vorne in die Zukunft. Dadurch können neue Verbindungen geknüpft und neue Erfahrungen gesammelt werden, so daß Einsicht und Wissen bereichert werden. Das Karma der Vergangenheit dagegen spricht eher das Gefühl und den Willen an.

Ich möchte noch auf einige andere Aspekte des Metamorphoseprinzips bei der Karmabildung hinweisen. Den ersten Aspekt trifft man auch in der Regressionsliteratur an, und zwar als eine Art ›Durchschlageffekt‹. Gegenwärtige psychische Erscheinungen werden von körperlichen Erfahrungen im vorherigen Leben verursacht und umgekehrt: Körperliche Erfahrungen, wie Krankheiten, chronische Schmerzen, Behinderungen usw., sind auf psychische Erlebnisse, die der Mensch während der zurückliegenden Inkarnation durchgemacht hat, zurückzuführen.

Im Gegensatz zu der Regressionsliteratur, in der das ›Durchschlagphänomen‹ als eine unter anderen Karmawirkungen vorkommt, beschreibt Rudolf Steiner diesen karmischen Zusammenhang als eine allgemeine Gesetzmäßigkeit. Er sagt in seinem Vortrag vom 30. März 1924[120] in Prag folgendes:

»Überhaupt: Seelisches aus einem Erdenleben verwandelt sich in Körperliches im anderen Erdenleben; Körperliches aus einem Erdenleben verwandelt sich in Seelisches in einem anderen Erdenleben.«

In den letzten großen Vortragsreihen über Karma aus dem Jahre 1924 führt Steiner einige anschauliche Beispiele[121] zu diesem Phänomen an. So erfahren wir, daß bei dem großen englischen Dichter Lord Byron[122] die Mißbildung seines Fußes durch einen psychischen Schock in seinem vorigen Erdenleben verursacht wurde. Er erlitt diesen Schock als seine Unternehmung, in Konstantinopel das Palladium heimlich auszugraben und nach Rußland zu überführen, mißlang. Das Palladium[123] war nämlich von Kaiser Konstantin unter einer Gedenksäule verborgen worden. Hätte das Vorhaben Erfolg gehabt, dann wäre eine Prophezeiung über die Befreiung des russischen Reiches in Erfüllung gegangen.

Byron zog zusammen mit einem Freund, wahrscheinlich zu Fuß, von Rußland nach Istanbul. Angekommen an dem Ort, wo das Palladium sich nach der Überlieferung befinden sollte, mußten die Freunde feststellen, daß es keinerlei Möglichkeit gab, sich des begehrten Objekts zu bemächtigen. Die angestaute Spannung, die nun so jäh einbrach, die totale Erschöpfung nach einer endlosen Reise, die plötzliche Einsicht, unverrichteterdinge zurückkehren zu müssen, die tiefe Enttäuschung und Verzweiflung, das alles wurde zum tief einschlagenden psychischen Trauma, das sich bei beiden in ihrer nächsten Inkarnation zu einer Mißgestaltung des Fußes ›durchschlug‹.

Ein anderes Beispiel, das den umgekehrtem Fall illustriert, ist Eugen Dühring[124], der im 19. Jahrhundert lebte. Er war in vielen Wissenschaften bewandert und war ein außergewöhnlich begabter, mathematischer Denker. Zugleich war er ein fanatischer Kritiker, der die Großen der Literatur und die Kollegen aus der Wissenschaft gnadenlos, aber oft sehr originell beschimpfte. In seiner vorigen Inkarnation im byzantinischen Reich (8. bis 9. Jahrhundert) war er ein heftiger Bilderstürmer gewesen, der als Kämpfer mit dem Säbel umzugehen wußte. Dührings geistige Fähigkeit, mit Worten tödlich zu verletzen, war eine Metamorphose seines Treibens als gewalttätiger Krieger.

Im nächsten Kapitel über Krankheit und Karma wird die Thematik des ›Durchschlags‹ noch weiter auszuführen sein.

Noch einen weiteren Aspekt möchte ich kurz erläutern. Es gibt nämlich auch eine Art Metamorphose, die sich nur innerhalb des psychischen Elements abspielt und im neuen Erdenleben nicht in die Körperlichkeit ›duchschlägt‹. In den Beispielen[125], die Steiner schildert, handelt es sich um die heutige Lebenshaltung oder innere Gesinnung, die auf die Psyche der betreffenden Person in der nächsten Verkörperung zurückschlägt. In den geschilderten Fällen hängen die Erfahrungen, die im neuen Leben durch das Verhalten der Umgebung, also von außen auf die bestimmte Person zuzukommen scheinen, zwar mit ihrer seelischen Einstellung im früheren Leben zusammen, sie verursachen aber in der zukünftigen Inkarnation keine leiblichen Folgen.

Noch ein weiterer Metamorphosenschritt, der sich ebenfalls nur im Innern des Menschen abspielt, kann sich in der übernächsten Inkarnation an diesen ersten Metamorphosenschritt anschließen wie in folgendem Beispiel: Ein Mensch zeigt während seines Lebens ein starkes Interesse für seine Umwelt und tritt seinen Mitmenschen und der übrigen Welt in Gedanken, Gefühlen und Taten liebevoll entgegen. Dieser Mensch wird im folgenden Leben als karmische Wirkung dieser früheren Seelenverfassung viel Freude an Menschen und Dingen erleben, die von außen auf ihn zukommen. Seine Umgebung bereitet ihm einfach Freude, auch wenn es dazu keinerlei äußeren Anlaß gibt. In der übernächsten Inkarnation metamorphosiert sich dieses Schicksalsmotiv in eine Helligkeit im Denken und in ein ausgezeichnetes Verständnis für die Welt.

Auch das Gegenteil kann auftreten: Ein Mensch fühlt statt Liebe nur Haß für seine Umgebung. Er kritisiert alles und jeden, interessiert sich aber eigentlich für nichts. Im darauffolgenden Leben wird diese Individualität andauernd schmerzhafte Erfahrungen durchmachen. Eigentlich gab es zu diesem negativen Schicksal, das von außen auf ihn zukommt, gar keinen unmittelbaren Anlaß in dem betreffenden Leben. Wiederum in der folgenden Inkarnation wird diese Individualität schwer von Begriff sein und eine dumpfe Intelligenz besitzen, oder einfacher ausgedrückt: sie wird ein Dummkopf sein.

Wenn man solche Dinge vernimmt, könnte man meinen, daß Karma eine Art Bestrafung oder Belohnung sei. Dieser Gedanke trifft aber nicht zu. Die karmische Aufeinanderfolge, der hier skizzierten Metamorphosen, enthält weder eine vom betreffenden Menschen gewollte Bestrafung noch eine ihm von außen auferlegte Strafe oder Belohnung, vielmehr drückt sich in dieser karmischen Reihe die Gesetzmäßigkeit eines strengen, gerechten Ausgleichs aus. Man kann sich fragen, wie eine Individualität, die eine solche Inkarnationenfolge wie in dem obigen Beispiel (Haß, schmerzhafte Erfahrungen, Dummheit) durchmacht, sein Schicksal noch zum Positiven wenden kann. Man sollte dabei bedenken, daß in dem Maße, in dem der Mensch seiner Umgebung mit Liebe begegnet, sich sein weiteres Schicksal ›aufhellt‹. Außerdem lebt der Mensch immer mit anderen zusammen: Er lebt bereits in einem sozialen Umfeld oder wird neue Verbindungen eingehen, die aus Sympathie und Zuneigung geschmiedet sind und früher oder später eine Verbesserung seines Karma herbeiführen werden.

Die Wissenschaft des Karma ist vor allem eine soziale Wissenschaft, denn wenn der Mensch sich mit den hier geschilderten karmischen Zusammenhängen gedanklich auseinandersetzt, ruft das ein starkes Verantwortungsgefühl hervor. In ihm erwacht der Drang, ein liebevolles Denken und Handeln zu entwickeln und so auch anderen in ihrem Karma beizustehen und weiterzuhelfen.

Aus dem Inhalt der drei Kapitel, die das Zwischendasein nach den Forschungsergebnissen Rudolf Steiners behandelten, geht deutlich hervor, daß die Dauer dieser geistigen Daseinsperiode erheblich ist. An den Beispielen von Inkarnationsreihen, die Steiner in seinen Karmavorträgen gibt, sehen wir, daß zwischen zwei Inkarnationen im allgemeinen etliche Jahrhunderte liegen. Die Häufigkeit des Reinkarnierens ist demzufolge auch nicht sehr hoch. Natürlich ist damit nur eine allgemeine Gesetzmäßigkeit benannt; Ausnahmen von der Regel sind möglich.

# Krankheit und Karma

In den Regressionsprotokollen über Krankheit und Karma geht es überwiegend um therapeutische Hilfeleistungen sowohl bei körperlichen als auch bei psychischen Beschwerden. Einen von vielen ähnlichlautenden Fällen möchte ich hier aus dem Buch *Many Lifetimes*[126] von Joan Grant und Denys Kelsey als Beispiel anführen:

Ein junger Mann litt unter Angstzuständen, die durch einen Vorfall in einer Bar ausgelöst wurden, bei dem ihm jemand gedroht hatte, ihm die Zähne auszuschlagen. Joan Grant setzte nun bei diesem jungen Mann ihre besondere Begabung ein, sich mental mit den vorigen Inkarnationen anderer Menschen zu identifizieren. Auf diese Weise erlebte sie eine grausame Szene aus einem vergangenen Leben des Betreffenden: Eine junge Frau, auf einem Bett festgebunden, wurde einer schrecklichen Folter unterworfen. Ihr viel älterer Mann, ein eifersüchtiger Bauer, zog ihr mit einer Zange alle Zähne aus dem Mund; einige Tage später starb sie an den Folgen dieser Barbarei. Der Bauer wollte sich auf diese Weise rächen, weil seine achtzehnjährige Frau ihm seine ehelichen Rechte verweigerte, denn sie war der Meinung, ›noch zu jung zu sein, um ein Kind zu bekommen‹. Doch flirtete sie mit jungen Männern. Dabei war sie sich ihrer außergewöhnlich schönen und regelmäßigen Zähne bewußt und setzte sie verführerisch ein. Joan Grant meinte anfänglich, daß ihr Patient in seinem vorigen Leben der rachsüchtige Bauer gewesen sein müsse. Es stellte sich aber heraus, daß er damals die jugendliche Gattin war. In der heutigen Inkarnation hatte der besagte junge Mann wiederum auffallend schöne Zähne.

Er gestand, daß er nie zum Zahnarzt ginge, denn niemand durfte an sein Gebiß rühren. Die Erfahrung aus seiner früheren Existenz wirkte also in dem jetzigen Leben in einer starken Angstneurose nach. Zunächst war diese nur latent, aber durch den Vorfall in der Bar wurde sie akut.

Dieser Fall zeigt die Merkmale, die für viele dergleichen Regressionserfahrungen typisch sind. Hier wird die Folterszene allerdings nicht von dem Patienten selbst während einer Rückführung erlebt, sondern von jemandem, der sozusagen stellvertretend die frühere Situation hervorruft. Als die richtige Identität erkannt war – der Patient war nicht der grausame Gatte, sondern das leichtsinnige Opfer selbst gewesen –, fand der junge Mann, der bereits einen Selbstmordversuch mittels einer Überdosis Schlaftabletten verübt hatte, seine Ruhe wieder. Nach sorgfältiger psychiatrischer Nachbehandlung war er von seiner Neurose befreit – so der Bericht von Grant und Kelsey.

Durch Bewußtmachung der ursprünglichen traumatischen Erfahrung wird die verursachende Kraft weggenommen, welche den Angstzustand, in diesem Fall die Angst, die Zähne auf gewaltsame Weise zu verlieren, ausgelöst hat.

Von einem anderen typischen Fall, der dieselbe Art von Zusammenhang zwischen einem früheren und dem aktuellen Leben veranschaulichen kann, berichtet Ingrid Vallieres: Eine asthmakranke junge Frau leidet seit ihrem vierten Lebensjahr an schweren Anfällen. Noch als erwachsene Frau erlebt sie eine überbesorgte Mutter und einen autoritären Vater. Sie kann sich nur wenig behaupten, wird immer wieder, auch im Berufsleben, bevormundet und wehrt sich mit Hautausschlägen. In einer Regressionssitzung ›sieht‹ sie unter Tiefenentspannung eine Karawane in der Wüste. Und weiter heißt es da:

»Die Reisetruppe befindet sich auf dem Weg in eine Stadt mit dem Ziel, für die junge Frau alles einzukaufen, was für eine Ehe benötigt wird. Es geht um Aussteuer und Mitgift. Bald soll die Hochzeit sein. Die junge, neunzehnjährige Frau ist wie ein reiches Beduinenmädchen gekleidet. … Sie freut sich auf die Stadt, endlich eine Abwechslung denkt sie und schüttelt die Erinnerung an das Leben in den Zelten in der Wüste ab. Dort, in der Wüste, da hat sie nichts zu sagen, nichts zu bestimmen, muß dienen, die Männer bedienen. Plötzlich kommt Sandsturm auf. Der Himmel wird dunkel, schwarz. Sie müssen von den Kamelen absteigen. Die Tiere suchen Platz hinter Wanderdünen. Ganz nah preßt sich das Mädchen an den Körper seines Kamels, vergräbt den Kopf in den schützenden Armen. Der heiße Wind streicht über sie hin, heiße Sandkörner dringen in den Mund, in die Nase und in die brennenden Augen ... Verzweifelt krallt sie sich am Kamel fest, spürt Angst in sich aufsteigen, möchte schreien, aber sobald sie den Mund öffnet, dringt noch mehr Sand in sie hinein. ... Sie bekommt keine Luft mehr, die Angst steigert sich zur Panik, der heiße Sand scheint in ihre Lunge zu dringen. Sie versucht, sich schleppend weiterzubewegen, der Körper ist heiß und erschöpft. Von ihren Reisegefährten kann sie nichts entdecken. ... Am Himmel tauchen die ersten Geier auf ... Irgendwann wird sie bewußtlos, stirbt irgendwann ...«

Aus heutiger Sicht nimmt die junge Frau ihre damalige Existenz als eine traurige und öde wahr und empfindet sich als bloße Tauschware, da sie an einen Mann verkauft werden sollte. Die Parallelen zu ihrem gegenwärtigen Leben werden dann folgendermaßen beschrieben:

»Wenn die Eltern es zuließen, verreiste sie gerne, war dann aus der elterlichen Obhut entlassen – unternehmungslustig. Genau wie in ihrem Vorleben: Verlassen der Öde, der Langeweile, hin zum eigenständigen Leben voller Lebendigkeit. Aber diese scheinbare Selbständigkeit zeigte auch ihre Abhängigkeit von den Eltern: Sobald sie allein auf Reisen ging, häuften sich die Asthmaanfälle. Schon bei einem harmlosen Niesen kam die Atemnot. Es folgte ein trockener, quälender Husten. Die Kehle wurde trocken (wie in der Wüste). In überfüllten Räumen überkam sie Platzangst. ... Während ihrer Reisen überkam sie ein unruhiges Gefühl von Erwartung – sie meinte, sie könnte irgend etwas verpassen. Viele Vögel am Himmel machten ihr Angst. Was Männer anbetraf, fühlte sie sich als Frau unterdrückt, zu wenig anerkannt, meinte die Männer hätten mehr Vorteile als die Frauen.«[127]

In den genannten Beispielen wird davon ausgegangen, daß das gegenwärtige Krankheitsbild Folge einer Erfahrung aus einem vorigen Erdenleben ist. In diesen Fällen – und die genannten sind wirklich typisch für eine Unzahl von berichteten Regressionserfahrungen – kann man aber wohl kaum von einer ausgleichenden Rückwirkung oder von einer karmischen Beziehung sprechen. Angstzustände kann man mit quälenden Alpträumen vergleichen, die jemanden über Jahre hinweg nach einem schrecklichen Ereignis plagen können. Die Seele kann das Erfahrene nicht vollständig verarbeiten, so daß das untergründig Schwelende häufig erst nach vielen Jahren als eine geisterhafte und lähmende Kraft an die Oberfläche kommt und den Menschen ergreift und gefesselt hält.

In den genannten Fallbeispielen hat keinerlei Umwandlung stattgefunden. Das früher Durchlittene wird in gewissem Sinne im neuen Erdenleben wiederholt. Meistens geht es bei dergleichen Rückführungserfahrungen, auch wenn nach der Ursache körperlicher Beschwerden gesucht wird, um schreckliche Erlebnisse, die der Klient in einem zurückliegenden Leben durchgemacht haben soll. Aus geisteswissenschaftlicher Sicht aber beschwert das Gewicht solcher negativen Erfahrungen wie Leid oder Krankheit gerade nicht die negative Seite der moralischen Waagschale! Sie können also keine negative Wirkung im neuen Leben haben.

Außerdem sehen wir in den Beispielen karmischer Zusammenhänge, die Rudolf Steiner in seinen Vorträgen gibt, Fort-, Nach- und Auswirkungen in der Regel mit dem Metamorphoseprinzip, d.h. mit der gesetzmäßigen Verwandlung der Eigenschaften kombiniert, und zwar selbst dann, wenn eine solche Kontinuität im geistigen Streben des Menschen herrscht, daß ein Lebensplan über verschiedene Inkarnationen hin durchgeführt wird. Wenn in der Anthroposophie über Krankheiten und ihren karmischen Ursprung gesprochen wird, geht es nicht so sehr um eine direkte

Nachwirkung von belastenden Erfahrungen aus einer früheren Existenz, sondern vielmehr um karmische Konsequenzen von Taten und Gedanken aus dem vorigen Leben. Oder es handelt sich – auch das ist durchaus möglich – um ein neu auftretendes, nicht aus der Vergangenheit stammendes Schicksalsmotiv, das eine positive Bedeutung für ein kommendes Leben auf der Erde hat. Selbstverständlich ist es für uns schwer, zwischen einer spontan auftretenden Krankheit und einer Krankheit als karmischer Wirkung zu unterscheiden.

Nun trifft man aber auch Fortwirkungen ohne nennenswerte Verwandlung in Steiners Werk an, und zwar in seinen Mysteriendramen[128]: Eine der auftretenden Frauenfiguren z.B. ist sowohl in ihrer Inkarnation im frühen 20. Jahrhundert als auch in ihrer mittelalterlichen Inkarnation eine weise Märchenerzählerin. Sie hat sich, was Charakter und sogar äußere Lebensumstände betrifft, genauso wie ihr Gatte, der in der vorigen Inkarnation auch ihr Mann war, kaum verändert.

In dem Drama selbst wird diese Inkonsequenz gegenüber den geltenden karmischen Gesetzmäßigkeiten, von einem düsteren geistigen Wesen bemerkt. Diese Gestalt wird in der alten persischen Religion »Ahriman« genannt und ist der Erzfeind von Licht und Wahrheit. Ahriman greift nun diese besondere karmische Situation auf, um eine andere Hauptperson aus dem Drama, die gerade einen Rückblick auf ihre eigene mittelalterliche Inkarnation und die ihrer Schicksalsgenossen – dazu gehört das oben genannte Ehepaar – erlebt hat, in Verwirrung zu bringen. Er erscheint ihr und sagt:

»Du sahst die Menschen deiner eignen Tage
Verschieden kaum von jenen alter Zeit.
Du sahest Mann als Mann und Frau als Frau,
Und auch die Eigenschaften waren ähnlich.
Es kann dir so kein Zweifel mehr bestehn,
Dass du nicht Wahrheit, sondern nur den Wahn
Der eignen Seele mit dem Geistesauge
In graue Vorzeit dir zurückverlegtest.«[129]

Ahriman will Maria – so heißt diese Hauptfigur – suggerieren, daß ihr Rückblick auf das vergangene Leben nur eine Täuschung war. Sie erwägt ernsthaft seine Argumente. Sie weiß, daß dieser Lügengeist manchmal auch die Wahrheit spricht und daß seine Boshaftigkeit, von einem höheren Standpunkt aus gesehen, als Prüfung der Seele doch einen positiven Einfluß haben kann, vorausgesetzt man tritt vollbewußt und mit Hilfe des spirituellen Denkens seinen scharfen Argumentationen entgegen. Sie antwortet schließlich, daß in der Entwicklung der Erde Phasen vorkommen, in der alte Kräfte langsam absterben, während neue bereits wirksam sind. In einem solchen Zeitgefüge (Beginn des 14. Jahrhunderts) waren die genannten Personen zusammen, um wichtige geistige Impulse für die Zukunft aufzunehmen. Diese Impulse brauchen lange, um zur Reifung zu kommen. Deswegen zeigen diese Menschen in der darauffolgenden Inkarnation immer noch Eigenschaften aus dem vorigen Dasein, und meistens inkarnieren sich Männer wiederum als Männer und Frauen als Frauen, obwohl in der Regel Mann- und Frausein sich abwechseln. In solchen Ausnahmefällen ist das Zwischendasein kürzer als sonst (in dem betreffenden Drama geht es um 600 Jahre). Ahriman hat für solche ›Zeitenwenden‹ kein wirkliches Verständnis. Alles, was die starre Regel durchbricht, entgeht ihm, oder er deutet es falsch. Er muß dann auch von Maria ablassen und »entfernt sich mit einer unwilligen Gebärde«.

Wie wir sehen, wird also ein Weiterwirken ohne nennenswerte Verwandlung doch auch als eine Möglichkeit von Steiner beschrieben. Daß es sich hierbei um ein Theaterstück, also um ein Kunstwerk handelt, ist unwichtig. Diese Möglichkeit aber wird als Ausnahme bezeichnet und muß in Verbindung mit besonderen Umständen, die nicht so sehr mit dem individuellen, sondern vielmehr mit dem Weltenkarma zusammenhängen, gesehen werden. Denn die Gruppe geistig strebender Menschen, die in den vier Dramen skizziert werden, befindet sich eindeutig in einer Knotenpunktsituation innerhalb der Menschheitsentwicklung (Vorbereitung einer neuen Kulturepoche). Ihr Schicksal steht mit den positiven und negativen Kräften, die in dieser besonderen Zeitepoche wirksam sind, in Verbindung.

Bei der Erforschung der Karmagesetze ist es von großer Bedeutung, daß diese negativen Kräfte ins Auge gefaßt werden, denn erst so kann man verstehen, warum es überhaupt Karma in der Welt gibt. Wir müssen uns auch hierbei daran gewöhnen, diese negativen Kräfte nicht als theoretische Abstraktionen, sondern als konkrete geistige Mächte zu betrachten. Als solche werden sie auch in Steiners Dramen dargestellt. Eine dieser Mächte, Ahriman, haben wir schon kennengelernt. Man könnte dieses Wesen auch Satan oder Mephistopheles nennen. Solche satanischen Wesen bilden, zusammen mit anderen Wesen, die meistens als »luziferische Mächte« bezeichnet werden, ebenso ein hierarchisches Reich wie die himmlischen Mächte. Auch spielen sie im Weltganzen eine wichtige Rolle. Wir werden jetzt ihren Einfluß beim Zustandekommen von Krankheiten als karmischen Wirkungen eingehender betrachten.

Um diese schwierige Thematik einigermaßen zu verstehen – in der Art und Weise, wie der heutige Mensch im allgemeinen über Gesundheit und Krankheit denkt, finden sich nur wenig Anknüpfungspunkte an Steiners wissenschaftliche Erkenntnisse –, muß man sich erst der Frage, woher Gesundheit und Krankheit überhaupt kommen, zuwenden. Bei den folgenden Ausführungen werde ich von Steiners Hinweisen in *Die Offenbarungen des Karma*[130] ausgehen.

In der mineralischen Welt kann man wohl nicht von Krankheiten sprechen (so wird z.b. das Wort »Pest« in »Zinnpest« nur im übertragenen Sinn gebraucht). Pflanzen freilich können durchaus krank sein, aber die Krankheitsursache kommt bei ihnen immer von außen. Eine Pflanze besteht zum einen aus einem physischen Leib und zum anderen aus einem Ätherleib, einem Komplex von vitalen Kräften (siehe Kapitel 7). Wenn nichts Außergewöhnliches geschieht, ist eine Pflanze ihrer Art gemäß gesund. Kommt es zu irgendwelchen Störungen, wird die Pflanze z.b. beschädigt, wird sie mit allen Mitteln versuchen, diesen Schaden zu reparieren. Diese heilende Wirkung geht von dem Ätherleib der Pflanze aus. Man kann sagen, daß die pflanzlichen Lebenskräfte einen Überschuß an heilender Aktivität in sich tragen, so daß die Pflanze, falls der normale gesunde Zustand gestört wird, imstande ist, aus sich selbst heraus den Schaden zu beheben, vorausgesetzt die Beschädigung ist nicht zu groß.

Im Tierreich sieht das anders aus. Bei den niederen Tierarten sehen wir zwar noch eine entsprechende Reparationsfähigkeit wie bei den Pflanzen – so lebt z.b. der entzweigeschnittene Regenwurm in zwei Regenwurmexemplaren weiter, und bei einer Eidechse wächst der abgerissene Schwanz wieder nach –, aber je höher wir in der tierischen Entwicklungsreihe aufsteigen, desto weniger treffen wir solche Fähigkeiten an. Eine Katze z.b., deren Schwanz abgerissen ist, ist nicht imstande, das fehlende Stück wieder nachwachsen zu lassen.

Warum ist das so? Bei den niederen Tieren dringt der Ätherleib, ähnlich wie bei den Pflanzen, nicht so tief in den physischen Leib ein. Dadurch wird, wenn der physische Leib beschädigt wird, der Ätherleib mit seinem Reparaturvermögen nicht angegriffen. Das vitale Kräftespiel kann weiterhin ungestört tätig sein und ein neues Organ aufbauen. Steckt der Ätherleib jedoch tiefer in dem physischen Leib, wie es bei den höheren Tieren und dem Menschen der Fall ist, dann wird bei einer äußeren Beschädigung des physischen Leibes der Ätherleib in Mitleidenschaft gezogen, dabei kann die Heilung sogar ganz und gar unmöglich gemacht werden. Die Nachkommen eines verkrüppelten Tieres werden aber nicht ebenfalls verkrüppelt sein. Die erblichen Ätherkräfte verschaffen den Nachkommen wiederum einen unbeschädigten Ätherleib, der seinerseits imstande ist, einen vollkommen gesunden physischen Leib aufzubauen.

Tier und Mensch haben neben physischem Leib und Ätherleib, als drittes Wesensglied den bereits genannten Astralleib, den wir auch als »Seele« bezeichnen können. Dieser Astralleib übt bei den niederen Tieren nur einen geringen Einfluß aus, deswegen zeigen diese bei einer äußerlichen Verletzung eine Regenerationsfähigkeit, die der der Pflanzen ähnelt. Bei den höheren Tieren dagegen und auch beim Menschen macht der Astralleib den Ätherleib von sich abhängig. Wo liegt der Unterschied? Der Astralleib nimmt über die Sinne Eindrücke aus der Außenwelt auf, und diese spiegeln sich nach innen. Fehlt der Zusammenhang zwischen Astral- und Ätherleib oder ist er sehr locker, dann tritt diese nach innen gerichtete

Wirkung kaum auf. Eine Pflanze oder ein niederes Tier sind mehr oder weniger von der Außenwelt abgeschlossen. Letztere übt zwar Einfluß auf sie aus, aber dieser setzt sich nicht bis ins Innere des Wesens durch.

In dem Maße, in dem der Astralleib sich stärker geltend macht, gewinnt die Verbindung zwischen äußerer und innerer Welt des betreffenden Wesens an Intensität. Das bedeutet, daß der Ätherleib, unter Einfluß des Astralleibes, nicht mehr so leicht seine heilende, regenerierende Kraft entfalten kann; der Ätherleib muß sich mehr anstrengen. Der Schwanz einer Eidechse wächst viel langsamer nach als ein neuer Pflanzentrieb an der Stelle, an der die Pflanze beschnitten wurde. Manchmal ist der Schaden irreparabel, und das abgetrennte Organ wächst gar nicht mehr nach.

Beim Menschen kommt noch etwas hinzu, was im Tierreich keine Rolle spielt. Das Tier lebt in seinem festen Verhaltensmuster eingeschlossen; es zeigt keinerlei Tendenz, von diesem Muster abzuweichen. Die Eindrücke, die sich das Tier verschaffen kann und die über den Astralleib nach innen wirken, gehören normalerweise zum spezifischen Tierverhalten. Beim Menschen ist das anders. Er kann sich durch seine größere Unabhängigkeit und durch die Tatsache, daß er nicht so stark an ein festes Verhaltensprogramm gebunden ist, Eindrücke und Erfahrungen aneignen, die vom Normalen, oder wenn man will, vom ›Gesunden‹ abweichen. Freilich ist für jeden individuellen Menschen das ›Normale‹ etwas anderes. Der Mensch kann selbst entscheiden über Gut und Böse, Wahrheit und Lüge, Mäßigkeit und Unmäßigkeit. Unsere Entscheidung in dieser oder jener Richtung übt unmittelbar ihren Einfluß auf den Astralleib aus, um dann, über dieses Wesensglied auch den Ätherleib tiefgehend zu beeinflussen. Die Art, wie der Mensch lebt – ob er sich bei Sinnenfreuden verschiedenster Couleur übernimmt oder nicht, ob er gut oder böse handelt, ob er ein Lügner ist oder die Wahrheit spricht, ob er richtig denkt oder sich unrichtige Gedanken in den Kopf holt –, drückt sich über den Astralleib in seinem Ätherleib ab.

Nach dem Tod wird, wie wir wissen, der Ätherleib abgelegt. Ein Extrakt davon aber bleibt für alle künftigen Zeiten mit dem Ich verbunden. Darin ist alles aufgenommen, was der Mensch während seines Lebens auf Erden durch seine Handlungsweise, durch Gedanken und Gefühle erfahren und bewirkt hat. Die Ergebnisse aller Unmäßigkeit oder Mäßigkeit, aller weisen und dummen Gedanken werden in ihrer Essenz in diesem Lebensextrakt aufbewahrt und in das Zwischendasein hinübergetragen und schließlich in eine neue irdische Existenz mitgenommen. Dann werden diese Ergebnisse aus dem Lebensextrakt in den neuen Ätherleib der bevorstehenden Inkarnation eingebracht.

Da der Ätherleib der Architekt und Gestalter des physischen Körpers ist, wird letzterer nun auch von der Wirksamkeit dieser Ergebnisse durchdrungen, mit anderen Worten: Unsere Taten und Gedanken des vorangegangenen Lebens wirken auf den körperlichen Gesundheitszustand des folgenden Lebens ein. Unsere Veranlagung entweder zur Gesundheit oder zu bestimmten Krankheiten können wir als die kosmische Wirkung unseres moralischen Verhaltens und unserer intellektuellen Einstellung während des vorigen Lebens betrachten.

Hierbei müssen wir uns vor Augen halten, daß wir in den Erfahrungen, die wir im Laufe des vergangenen Lebens gesammelt haben, zwei Gruppen unterscheiden können. Erstens gibt es Handlungen, Gedanken und Gefühle, deren wir uns deutlich bewußt sind und die wir uns ohne viel Mühe ins Gedächtnis holen können. Zweitens gibt es aber Erlebnisse, die wir ganz vergessen. Eine große Anzahl von Eindrücken dringt ohnehin nicht in unsere bewußte Vorstellungsaktivität vor. Während unseres Lebens nehmen wir oft Sinneseindrücke auf, ohne innerlich wach zu sein. Das trifft natürlich vor allem für die frühe Kindheit zu, an die wir später keine Erinnerungen haben. Diese vergessenen Eindrücke, die auch stark emotional beladen sein können, wandern sozusagen geradewegs ins Unterbewußte. Sie werden vom Astralleib, der sie zuerst aufnimmt, unmittelbar an den Ätherleib weitergeleitet. Auf dieser Ebene wirken sie viel stärker als diejenigen Eindrücke, die wir zu Vorstellungen werden lassen. Die Vorstellungsaktivität bremst in gewisser Hinsicht die Beeinflussung des Ätherleibes ab. So können bestimmte negative ›vergessene‹ Eindrücke aus dem Unterbewußten heraus bereits während desselben Lebens stark einwirken und Krankheiten verursachen, die man zwar, so man will, ›karmisch‹ nennen kann, die aber nicht aus dem vorigen Leben herrühren. Neurosen oder neurasthenische Symptome[131] sind oft solchen, in das Unterbewußtsein heruntergesunkenen Erfahrungen zuzuschreiben.

Nach dem Tod aber, wenn das Vorstellungsleben ganz und gar verschwindet, kommen auch die anderen, vorher einigermaßen abgebremsten Einflüsse deutlich zum Vorschein, so daß sie bei der Umwandlung im Zwischendasein als organbildende Kräfte wirken. Seelische Erfahrungen in dem einen Leben werden zu Bildekräften für die Körperlichkeit im nächsten Leben. Selbstverständlich hat das Gute positive und das Böse negative Folgen.

Wir haben gesehen, daß der Mensch im Gegensatz zum Tier von seinem ›normalen‹ Verhaltensmuster abweichen kann, wobei die Bezeichnung ›normal‹ eigentlich eine Abstraktion ist, denn jeder individuelle Mensch hat nun einmal sein ›karmisches‹, d.h. sein sehr persönliches Muster. Mit ›normalem Verhalten‹ wird eine gewisse innere Ausgewogenheit bezeichnet. Die abweichende Tendenz kann, grob gesagt, auf zweierlei Weise auftreten: entweder auf einer eher moralischen oder auf einer eher intellektuellen Ebene. Der Mensch kann seinem Trieb- und Begierdenleben freien Lauf lassen und Macht, Aggressionen und unmäßige Sexualität ausleben oder anderen Wollüsten nachjagen, oder er kann sich falschen Gedanken, z.B. einseitig materialistischen Anschauungen von Mensch und Welt, ausliefern. Der Mensch kann durch unausgegorenes, unreifes Denken Atheist sein, oder er kann durch seine unzulängliche Moralität ein zu lockeres, leichtsinniges Leben führen. – Wie kommt es aber zu diesen ›Abweichungen‹? Mit dieser Frage schneiden wir das weitaus wichtigste Problem der Gegenwart an: Wie erklären wir das Böse in der Welt? Die anthroposophische Geisteswissenschaft kann zur Lösung dieser Frage, wie wir im folgenden sehen werden, einen entscheidenden Beitrag[132] leisten.

Zu einem bestimmten Zeitpunkt in der Erden- und Menschheitsentwicklung drangen Wesen, die während der vorangegangenen planetarischen Phase unseres Weltsystems (Mondenphase) ihr Entwicklungsziel nicht vollends erreicht hatten, in die menschliche Seele ein. Sie hofften, auf diese Weise, ihren Entwicklungsrückstand ›aufzuholen‹. Ihr Eingriff hatte nicht nur für sie selbst, sondern gerade auch für die Menschheit und die Erde weitreichende Folgen. Wir nennen diese Wesenheiten luziferische Wesen. Ehe das menschliche Ich als Schöpfung viel höherer Wesen als der luziferischen sich nach seiner Art und Weise entfalten konnte, wurde in den Astralleib der luziferische Einfluß eingeimpft. Diese ›Impfung‹ der menschlichen Seele ist kein einmaliges Ereignis, sondern vielmehr ein Prozeß, der sich im Laufe der Menschheitsentwicklung fortsetzt. Das bedeutet, daß stets eine Art ›Verführer‹ im Menschen anwesend ist, der ihn dazu anstiftet, weniger gut zu sein, als er ohne diese luziferische Beeinflussung gewesen wäre. Die ›Verführung‹ besteht darin, daß Luzifer ihm vorgaukelt, daß er gerade, wenn er seine Impulse befolgt, besser, höher und wichtiger sein wird.

Die Tendenz, ›weniger gut zu sein, als er sein könnte‹, ist also als eine Abweichung auf moralischer Ebene zu betrachten, wie sie oben angeführt wurde. Der Drang, niederen Neigungen, Trieben, Leidenschaften und egoistischen Motiven zu folgen, wird durch das luziferische Element im Menschen bewirkt. Die menschliche Individualität ist von diesem Element so sehr durchdrungen, daß sie sehr tief in die Körperlichkeit eingetaucht ist. Durch Luzifers Versuchung hat sich der Mensch zunehmend mit seinem physischen Körper identifiziert. Das führte zum einen dazu, daß er anfing, die sinnliche Welt wirklich zu sehen (»Da wurden ihnen beiden Augen aufgetan«, Genesis 3,7), und zum anderen dazu, daß die Begierde in ihm erwachte. Diese luziferische Begierdenkraft trägt der Mensch während seiner aufeinanderfolgenden Verkörperungen mit sich. Indem er den luziferischen Versuchungen unterliegt, bildet sich sein Karma.

Wäre in der Welt gegen diese luziferische Gewalt keine neue Gegenkraft erstarkt, dann wäre der Mensch immer tiefer in die luziferische Verstrickung geraten und hätte für immer die Möglichkeit verloren, sich diesem Einfluß zu entziehen. Die Gegenkraft ist durch den Christusimpuls in die Welt gekommen. Seitdem ist es dem Menschen möglich, das luziferische Element Schritt für Schritt zu überwinden.

Luzifers Manipulation hatte außerdem zur Folge, daß der Mensch die Welt nicht mehr richtig, sondern gefärbt wahrnahm. Eine Trübung der Sinne trat ein. Dadurch konnte ein anderer Verführer Einfluß auf den Menschen nehmen: Ahriman, den wir bereits als den Lügengeist und den Geist der Finsternis und des Todes kennengelernt haben. Schon vor Luzifer hatte er sich und seine Scharen von den ›guten‹ geistigen Mächten gelöst. Er dringt von außen über die getrübten Wahrnehmungen in das menschliche Wesen ein und prägt ihm den Irrtum ein, daß das, was es mit den Sinnen wahrnimmt die alleinige Wirklichkeit sei.

Luzifer ist also die geistige Macht, welche Ahriman den Zugang zum menschlichen Wesen verschafft hat. Zugleich sind Luzifer und Ahriman aber auch Gegner, und das menschliche Seelenleben ist der Kampfplatz ihres Streites. Dem egoistischen Feuer, das Luzifer im menschlichen Innern mittels Eitelkeit, Ehrgeiz, Selbstüberschätzung und selbstsüchtiger Neigungen anfacht, wird von Ahriman der kalte Intellekt entgegengesetzt, der mit ›objektiven Fakten‹ und ›rationalen‹ Denkmodellen arbeitet. Der luziferischen Emotionalität steht die nüchterne Trockenheit Ahrimans gegenüber.

Seit die Wissenschaft, infolge der Inspiration Ahrimans, die Materie in ihrer sinnlichen Erscheinung zu einer absoluten Wirklichkeit erklärt hat, die nichts außer sich gelten läßt, ist der moderne westliche Mensch immer stärker unter Ahrimans Einfluß geraten. Um diejenigen, die sich von diesem toten, materialistischen Weltbild mit seinen kapitalistischen Konsequenzen für die menschliche Gesellschaft abkehren, kümmert sich Luzifer. Er versucht sie in seinen Wirkungskreis zu ziehen. Das gelingt ihm meist sehr leicht. Bei den betreffenden Menschen liegt die Abweichung nämlich nicht in einer mehr oder weniger unmoralischen Lebensweise. Sie ›sündigen‹ vielmehr gerade durch ihre sogenannte ›edle Gesinnung‹, die letztlich nichts anderes ist als Egoismus, der sich in ein verschwommenes Gerede hüllt, als illusorischer Idealismus auftritt oder sich hinter nebulöser Ethik versteckt.

Auch Ahrimans Einfluß beschränkt sich nicht auf geistfeindliche Inspirationen; er ist nämlich auch der Meister von Verwirrung, Parteienkampf und Terror. Hinzu kommt noch, daß er die Menschen dazu verführt, in Wohlstand und Behäbigkeit zu verbürgerlichen und ihre innere Beseelung in Banalitäten versanden zu lassen. Nur wenn der Mensch hellwach ist, verhindern seine Vorstellungen, auch wenn sie voller egoistischer Emotionalität oder materialistischer Irrtümer stecken oder gar von beiden Tendenzen erfüllt sind, daß Luzifer und Ahriman zu stark auf die astralen und ätherischen Wesensglieder einwirken. Während des irdischen Lebens zwischen Geburt und Tod werden moralische Verstöße nur am Maßstab gesellschaftlicher Normen für Anstand und Sitte gemessen. Was die ›Sünden‹ des Denkens betrifft, gibt es keinerlei Richtlinie für wahr oder unwahr, weil fast jeder Mensch von den gleichen Denkprämissen ausgeht. Nach dem Tod fällt das alles aber weg, der verderbliche Einfluß von Luzifer auf den Astralleib und von Ahriman auf den Ätherleib kommt nun in seiner vollen Wirkung zum Vorschein und muß als krankmachender Impuls in das Karma aufgenommen werden.

Diese anthroposophische Sicht auf das Phänomen Krankheit mag befremdlich wirken. Die Idee, daß moralische Unzulänglichkeiten und ein lockerer Lebenswandel Verursacher von Krankheiten sein können, findet vielleicht noch Gehör, aber der Gedanke, daß nicht-spirituelle und unrichtige Gedanken uns krank machen, kann sich mancher nur schwer vorstellen. In bestimmten Fällen kann man aber sogar innerhalb einer Biographie die verheerende Wirkung einer bestimmten Denkart auf die Konstitution feststellen. Bei der Karmabetrachtung handelt es sich freilich um krankmachende Einflüsse, die erst im nächsten Leben zum Vorschein kommen. In der Krankheit selbst, die als karmische Wirkung, sei es durch luziferische, sei es durch ahrimanische Ursachen, ausgelöst wird, liegt das Böse nicht. Denn eine hohe Gerechtigkeit und Weisheit, die im Zwischendasein die Umwandlung bewirkt, gibt dem Menschen gerade mit der einen oder anderen Krankheit die Möglichkeit, innere Kräfte zu entwickeln, um den Versuchungen im kommenden Leben besser zu widerstehen.

Selbstverständlich kann man jetzt einwenden, daß die eigentlichen Krankheitserreger Bazillen und Viren, chemische Stoffe und dergleichen sind und daß Krankheiten außerdem häufig von erblichen Faktoren bestimmt werden. Die eine Wahrheit braucht die andere nicht auszuschließen. Wie jede geistige Wirkung muß auch die karmische Verursachung einer Krankheit immer einen Ansatzpunkt in der physischen Welt haben. Daß es physische Krankheitserreger gibt, die die geistige Wirksamkeit in die materielle Wirklichkeit umsetzen, untergräbt nicht im geringsten den karmischen Gesichtspunkt. Auch die Vererbungslehre braucht nicht im Widerspruch zur Karmalehre zu stehen. Vererbung muß man ebenfalls als ein physisches ›Mittel‹ ansehen, mit dem die geistigen Schicksalsfügungen verwirklicht werden.

Bei der therapeutischen Behandlung einer karmisch bedingten Krankheit kann man sich fragen, ob es nicht besser wäre, sich nicht einzumischen, so daß das Karma sich ungestört vollziehen kann. Stirbt der Patient an der Krankheit, dann wird das wohl auch zu seinem Schicksal gehören. Wer so denkt, übersieht jedoch zwei wichtige Dinge: Erstens, daß Karma nie eine Strafe ist, und zweitens, daß Karma nicht die Angelegenheit eines einzigen Menschen ist. Auf der Erde bildet der Mensch mit vielen anderen eine Gemeinschaft. Der eine trägt das Karma des anderen mit, genau wie auch in der Zwischenexistenz die menschlichen Wesen aneinander arbeiten und sich gegenseitig gestalten.

Wenn Heilen aber allein bedeutet, daß man die Symptome bekämpft, wirkt man dem Karma entgegen. Indem man nur die Krankheitssymptome beseitigt, verhindert man in Wirklichkeit, daß der Patient mit Hilfe der Krankheit geheilt wird, oder anders gesagt, daß er seinen karmischen Ausgleich richtig durchmacht.

Eine nur auf die Symptome gerichtete Behandlungsweise ist typisch für die Allopathie.[133] Das gilt auch für eine Vorbeugung durch Impfung. Man kann sich denken, daß dieser ›Krankheitsverhinderungsprozeß‹ das Karma des betreffenden Menschen nicht erleichtert, sondern vielleicht geradezu erschwert, denn der Kranke muß dann auf eine andere, vielleicht noch schwierigere Weise die ›Lektion des Schicksals‹ lernen.

Dennoch trägt auch der Kampf des Arztes gegen die Krankheit des Patienten, dank seines menschlichen Engagements, auch wenn der Karmagesichtspunkt nicht beachtet wird, einen karmischen Aspekt, d.h. eine wirklich heilende Wirkung in sich. Das Leben ist kompliziert, und niemals wird man alle Faktoren überschauen können, die von Fall zu Fall wiederum verschieden sind.

Wenn ein Mensch an einer karmisch bedingten Krankheit stirbt, bedeutet das nicht, daß er die damit zusammenhängende karmische Rechnung nicht beglichen hat. Der Ausgleich hat stattgefunden, aber unter den gegebenen inneren Schicksalsumständen ist ein Weiterleben nicht länger möglich und sinnvoll. Dann wird die karmische Begleichung als Frucht des abgelaufenen Lebens für eine folgende Inkarnation aufbewahrt.

Wie schon gesagt, können Krankheiten auch spontan auftreten, was bedeutet, daß sie nicht auf karmische Ursachen in einem vorigen Leben zurückzuführen sind. Es ist nicht leicht, wenn nicht sogar unmöglich, diesen Unterschied mit Sicherheit festzustellen. Wer Karma ernst nimmt, darf nie ausschließlich auf die Vergangenheit, auf das ›Mondenkarma‹, fixiert sein. Reinkarnation und Karma haben genausoviel mit Pro-gression oder Fortführung wie mit Re-gression oder Rückführung zu tun.

Für den Arzt, aber auch für den Patienten selbst, ist es wichtig, daß er an der Art der Krankheit zu erkennen versucht, ob sie luziferisch oder ahrimanisch verursacht wurde. Rudolf Steiner gibt hierzu ein einziges Beispiel in der bereits genannten Vortragsreihe *Die Offenbarungen des Karma*, die die Grundlage für dieses Kapitel über Krankheit und Karma bildet.

Eine Lungenentzündung tritt bei einem Menschen als karmischer Ausgleich auf, wenn er im zurückliegenden Erdenleben zügellos war und das Bedürfnis gehabt hat, sich den Sinnenfreuden hinzugeben. Das heißt nicht, daß bei demjenigen, der an einer Lungenentzündung erkrankt, auch in diesem Leben wieder die gleichen Neigungen auftreten. Bewußtsein und Charakter des heutigen Menschen haben zunächst nichts mit der Gesinnung im vorangehenden Leben zu tun. Die frühere Neigung zu Ausschweifungen kann sich in der Zwischenzeit zum Drang, sich selbst von zu starken luziferischen Einflüssen zu befreien, umgewandelt haben. Die Lungenentzündung ist keine Strafe für das frühere zügellose Verhalten, sondern sie bewirkt die Heilung, als Antwort auf diesen inneren Drang. Wenn man den dramatischen Verlauf einer solchen Krankheit anschaut, begreift man einigermaßen, wie intensiv der Mensch den Kampf mit Luzifer aufnehmen kann. Ganz anders verhält es sich mit der Lungentuberkulose. Angegriffene Stellen in der Lunge werden von Bindegewebsbildungen umgeben und eingeschlossen. Diese Abwehr nach außen hin kann man als Ausdruck des heilenden Kampfes ansehen, den das menschliche Wesen, in diesem Fall gegen die ahrimanischen Einflüsse, führt. Diese Krankheit wäre auf eine ›Blindheit‹ der Gedanken im vorigen Leben zurückzuführen.

Es versteht sich, daß die Behandlung anders sein muß, je nachdem eine Krankheit luziferischen oder ahrimanischen Ursprungs ist. Das werde ich hier aber nicht weiter ausführen.

Zum Schluß möchte ich noch kurz über Krankheiten sprechen, die mehr oder weniger neu und unerwartet in der Menschheitsgeschichte aufgetreten sind. Vielleicht gab es die betreffenden Krankheiten auch schon früher, nur wurden sie, weil sie so wenig vorkamen, kaum bemerkt. An erster Stelle denkt man hier vielleicht an AIDS, vor allem aber ist Krebs die Krankheit der gegenwärtigen Kultur. Natürlich sind auch bestimmte ›alte‹ Krankheiten verschwunden. Sie sind aber nicht nur durch wirkungsvolle Bekämpfung und Vorbeugung in Form von Impfungen verschwunden. Es ist sehr wohl möglich, daß die ›Zeitkrankheiten‹ mit dem gesamten Karma der Menschheit zusammenhängen. Die charakteristischen Krankheitssymptome bei Krebs z.B. deuten unübersehbar auf eine ahrimanische Verursachung hin. Wer bei AIDS eher an eine luziferische ›Versuchung‹ denkt, darf nicht vergessen, daß der Ausbruch von AIDS in diesem Leben nicht unbedingt auf eine karmische Ursache zurückgeführt werden darf, die – laut Karmagesetz – in einem vorigen Leben zu finden ist. Vor allem muß man auch bedenken, daß die Ansteckung mit dem HIV-Virus ohne jeglichen sexuellen Kontakt stattfinden kann, z.B. während einer Bluttransfusion im Krankenhaus. Wer meint, daß AIDS eine Strafe Gottes für Unkeuschheit in diesem Leben ist, wird vielleicht durch die künftige Karmawissenschaft, die aus einer höheren Bewußtseinsebene hierauf ein neues Licht werfen wird, anders darüber denken.

Interessant in diesem Zusammenhang sind die Mitteilungen Rudolf Steiners über die Pestepidemien,[134] die am Ende des Mittelalters Millionen von Menschen hingerafft haben. Die Ursache davon lag, nach Steiner, nicht so sehr in jener Zeitepoche selbst begründet, in der die Krankheit auftrat (14. Jahrhundert), sondern in der Zeit der Hunneninvasion, die Jahrhunderte zuvor stattfand. Dieses asiatische Volk säte damals Tod und Verderben in unseren Gegenden und rief kollektive Angstwellen in den Seelen der europäischen Bevölkerung hervor. Der Zusammenhang zwischen Ursache und Wirkung ist nicht so leicht zu durchschauen, weil die Pestepidemien erst viele Hunderte von Jahren nach dem Einfall der Hunnen (ca. 400 nach Christus) grassiert haben. Die Angstwellen der damaligen Europäer blieben jedoch in dem astralen Umkreis der Gegenden hängen – so muß man sich das vorstellen –, in denen Menschen diese Angstgefühle durchgemacht hatten. In dieser astralen Sphäre waren aber dämonische Wesen tätig, die als ›üble astrale Reste‹ schon in Urzeiten entstanden waren, nämlich in der frühen Steinzeit (15 000 vor Christus), als Europa zum Teil mit moralisch degenerierten Menschen bevölkert war. Rudolf Steiner erklärt ihre Degeneration dadurch, daß in der atlantischen Kulturepoche Mysteriengeheimnisse unrechtmäßig an Menschen verraten wurden, denen dazu die moralische Reife fehlte. Die dämonischen Wesen, so sagt er, verbanden sich später mit den immer noch vorhandenen astralen Angstaffekten und verursachten dann im 14. Jahrhundert die Pestkrankheit.

Die medizinische Wissenschaft ist derzeit noch ausschließlich damit beschäftigt, ein Heilmittel gegen Krebs und AIDS zu entwickeln. Die Hingabe und Ausdauer, mit der diese Forschung geschieht, nötigt größten Respekt ab. Die Frage, ob solche Krankheiten zu dem ›Mondenkarma‹ gehören oder vielleicht doch ›Sonnenkarma‹ bilden, kann in diesem frühen Stadium der Forschung noch keine Rolle spielen. Ich bin aber davon überzeugt, daß sich in Zukunft die verschiedenen Anschauungsweisen näherkommen werden.

138

# Karma-Übungen
## und Karma-Erfahrungen

Manch einer mag fragen: »Warum soll man sich bemühen, sein zurückliegendes Leben oder mehrere frühere Leben kennenzulernen? Ist es nicht viel vernünftiger, solche Dinge ruhen zu lassen und, wenn es schon mehrere Leben gibt, einfach abzuwarten, bis man selbst hinter die Wahrheit kommt, auch wenn das erst in der Zukunft und nach vielen Inkarnationen oder auch nie der Fall sein sollte? Das ist jedenfalls sinnvoller als das neugierige Herumstöbern und Spekulieren darüber, ›wer man früher war‹! Menschen, die sich zu bestimmten Praktiken verführen lassen oder sich durch sogenannte Hellseher über ihre früheren Inkarnationen flott aufklären lassen, neigen oft dazu, ihr weiteres Leben infolge der gewonnenen ›Einsichten‹ in eine bestimmte Richtung zu zwingen. Nicht selten verlieben sie sich in ihr vermeintliches früheres Selbst und benehmen sich dann besonders fremd.«

Die Möglichkeit, daß man sich auch auf eine unangemessene Weise mit Reinkarnation und Karma beschäftigen kann, ist kein Grund dafür, das Thema fallen zu lassen. Wenn Reinkarnation und Karma Wirklichkeiten und keine Phantasiegebilde sind, dann kann die Erforschung und Enträtselung dieser Wirklichkeiten uns zu einer tieferen Selbsterkenntnis führen. Mit Wiederverkörperung und Schicksalsbestimmung steht und fällt dann gewissermaßen das Menschsein. Sollte dieses Gedankengut jedoch keine Bedeutung haben, bleibt uns kaum eine andere Möglichkeit, als entweder zum mittelalterlichen Kirchenglauben zurückzukehren oder weiterhin der trostlosen, jeglichen Freiheitsgedanken verwerfenden Vererbungslehre anzuhängen und ihren menschenentehrenden Experimenten zuzustimmen, die auf eine Menschheit aus lauter Homunkuli[135] hinauslaufen.

Im tiefsten Innern jedes menschlichen Wesens lebt die Empfindung, sich selbst nicht genug zu sein. Immer will es sich selbst übertreffen, und auch der Drang zur Erforschung von Geheimnissen ist ihm angeboren. Wer entdeckt hat, daß der Mensch selbst den Schlüssel zur Enträtselung der Weltengeheimnisse bildet, wird versuchen, diesen Schlüsselcharakter des menschlichen Wesens zu ergründen. Früher oder später wird er dabei auf die Frage von Reinkarnation und Karma stoßen. Und dann genügt es nicht, daß er sich das theoretische Wissen über diese Inhalte, soweit sie zur allgemein menschlichen Natur gehören, aneignet; er muß auch zu einem konkreten Erleben kommen. Er muß sich in den Strom des Reinkarnierens begeben, mit anderen Worten, er muß sich Reinkarnations- und Karma-Übungen vornehmen.

Die Methoden, die Rudolf Steiner dafür angibt, sind – wie all seine Angaben zur geistigen Schulung – durch eine erhöhte Wachheit und eine Intensivierung des normalen Tagesbewußtseins gekennzeichnet, niemals aber durch eine Herabdämpfung des Bewußtseins mittels Hypnose oder irgendwelcher anderer Techniken. Bei den folgenden Übungen geht es nicht um eine Regression oder Rückkehr in der Zeit, sondern um einen eigentümlichen inneren Vorgang, bei dem man auf etwas zugeht. Bei dieser Art Übungen geht man also nicht wie in einer Rückführungssitzung von einer körperlichen oder psychischen Beschwerde aus, um dann im Rückgang in die Vergangenheit die entsprechende verursachende Erfahrung aufzuspüren. Es handelt sich also nicht um eine ›lineare‹ Rückreise zu einem vergangenen Leben, um der Ursache auf die Spur zu kommen, die als gegenwärtiges Leiden nachwirkt. Im Gegenteil, der geisteswissenschaftliche Schüler versucht den Kern des eigenen Wesens zu erfahren, indem er Gegenbilder des heutigen Daseins mit großer Kraft und Intensität in seinem Innern hervorruft. Das setzt voraus, daß er mit großer Sorgfalt und strikter Ehrlichkeit in sich geht.

Zunächst untersucht der Übende, welche positiven oder negativen Eigenschaften er besitzt, z.b. ob er lügenhaft oder wahrheitsgetreu, mutig oder feige, gescheit oder eben dümmlich ist, ob er sich schnell aufregt oder eher dazu neigt, auf beschauliche Art Menschen und Dingen zu begegnen. Danach versucht er festzustellen, welche Veranlagungen er besitzt, was ihm leichtfällt und was ihn einige oder sogar viel Mühe kostet. Er richtet seine Aufmerksamkeit dabei vor allem auf die Dinge, die er im Leben getan hat, obwohl er sie eigentlich nicht tun wollte. Hat er z.b. einen bestimmten Beruf ergriffen, obwohl er eigentlich einen völlig anderen hatte wählen wollen? Gibt es andere Dinge, die er gewollt hat, die aber nicht verwirklicht wurden? Welchen Lebensumständen wäre er gerne aus dem Weg gegangen, aus denen er sich aber nicht lösen konnte?

Diese Anweisungen und Fragen richten sich auf die eigene Vergangenheit. Wünsche für die Zukunft dürfen nicht in die Antworten gemischt werden. Auf diese Weise sammelt man aus der Biographie Begebenheiten und Erfahrungen, die so waren wie sie waren, ohne daß man sie gewollt hat, und vor allem auch solche, die man ausdrücklich nicht gewollt hat.

Nun geht die Übung wie folgt weiter: Stellen Sie sich vor, daß Sie sich alles, was Sie nicht gewollt haben, nun gerade herbeisehnen; das tun Sie mit der größtmöglichen Intensität. Die Konzentration, die Sie dazu aufbringen müssen, verlangt viel Anstrengung; auch werden Sie einen starken inneren Widerwillen überwinden müssen. Sollte Ihnen dieses Experiment keine Mühe machen, so zeigt das, daß Sie die Übung nicht intensiv genug gemacht haben. Es genügt nicht, sich nur vorzustellen, daß Sie die unerwünschten Vorkommnisse in Ihrem Leben nun doch zu erleben wünschen. Sie müssen sich Schritt für Schritt zutiefst in das ›Erwünschte‹ einleben, als wäre es genau das, was Sie sich am stärksten herbeisehnten.

Wenn Sie diese Übung über einen gewissen Zeitraum regelmäßig machen, entsteht in ihren Gedanken und in ihrem Gefühl etwas wie ein Wesen. Zunächst sind Sie dieses Wesen nicht selbst, doch stellen Sie sich dann – wiederum durch starke Willensanstrengung – vor, daß Sie dieses Wesen selbst sind, versuchen Sie sich mit diesem Wesen zu identifizieren. Sie kommen auf diese Weise schließlich zu dem Bild einer Person, die Sie selbst sind, jedoch nicht in dieser Inkarnation. Sie haben dann nämlich Ihr zweites, Ihr höheres Selbst ins heutige Dasein mitgebracht. Damit ist bereits ein bedeutsamer Schritt auf dem Weg zum Kennenlernen des eigentlichen Seelenkerns getan.

Jetzt folgt die nächste Übung: Stellen Sie sich vor, daß Sie die sogenannten Zufälligkeiten, die Sie unangenehm getroffen haben – ein Unfall, ein Ast, der Ihnen auf den Kopf gefallen ist, oder eine lästige Begegnung, die Sie um jeden Preis hatten vermeiden wollen –, nun selbst herbeiführen, daß Sie also selbst absichtlich diesen Unfall und diese unangenehme Situation inszenieren. Auch bei Erinnerungen an langwierige, beklemmende Lebensverhältnisse, aus denen Sie sich mit Gewalt haben losreißen müssen, werden Sie sich vorstellen müssen, daß Sie sich aufs neue in diese Situationen begeben, jetzt aber mit dem äußerst starken Impuls, gerade diesen unsympathischen Zustand durchmachen zu wollen.

Vielleicht werden Sie über die folgende, extreme Anweisung Rudolf Steiners lachen: Stellen Sie sich vor, Ihnen ist während eines heftigen Sturms ein Dachziegel auf den Kopf gefallen. Stellen Sie sich nun vor, daß Sie selbst kurz vor diesem Unfall rasend schnell auf das Dach geklettert sind und einen Dachziegel losgelöst haben und daß Sie in dem Augenblick, in dem dieser herunterwehte, schon wieder auf die Straße zurückgekehrt sind, um dieses Ding abzukriegen.

Durch konsequente Fortsetzung solcher Übungen wird das zweite Selbst, mit dem Sie sich zu identifizieren versuchen, anfangen, in Ihrem Inneren ein eigenes Leben zu führen. Sie werden spüren, wie ›dieser andere‹ in einer wirklichen Beziehung zu Ihrem heutigen Selbst steht. Die Realität des anderen Wesens hat nichts mit dem Leben hier und jetzt zu tun; es steigt aber in Ihnen auf, genau wie eine Erinnerung an früher Erlebtes in Ihnen auftauchen kann. Eine solche ›Erinnerung‹ ist jedoch nicht wie das sonst Erinnerte eine Vorstellungserinnerung, sondern eine Gefühlserinnerung.

Durch dieses Üben wird der Gedanke, daß Sie schon einmal gelebt haben, zur Gewißheit. Dieses innere Gefühl wird nicht durch Nacherleben dramatischer Bilder hervorgerufen wie in der Regressionspraxis, in der es sich sehr oft um Folter, Exekution, Hungertod, Vergewaltigung und dergleichen handelt. Verglichen mit den Rückführungserfahrungen sind die Ergebnisse von Steiners Karma-Übungen nur mager und gar nicht spektakulär. Doch vielleicht ist gerade die mühsame Arbeit und die endlose Geduld und Ausdauer, die man bei den Übungen aufbringen muß, der Index ihres Wertes. Das Ergebnis ist dem Anschein nach gering, aber es gibt Ihnen doch die volle Gewißheit der wiederholten Erdenleben, und das ist letztlich mehr als das, was auch noch so spannende ›Rückführungserinnerungen‹ Ihnen je bieten können, denn niemand kann garantieren, daß sich diese Reminiszenzen wirklich auf ein vergangenes Dasein beziehen.

Kann man bei den Reinkarnationsübungen auch von positiven Lebenserfahrungen ausgehen, oder müssen es immer nicht-gewollte, negative Begebenheiten sein, an denen man das ›andere Selbst‹ kennenlernt? Es ist tatsächlich möglich, auch mit freudvollen Erinnerungen übend umzugehen. Die schmerzhaften, unangenehmen Erfahrungen haben wir in den dargestellten Übungen zunächst mit dem ›zweiten Menschen‹ in uns in Verbindung gebracht. Dieser zweite Mensch gewinnt während des Übens immer mehr an Realität. Dieses Wesen steckt in uns, und gleichzeitig sind wir es. Wir spüren, daß es weiser ist als wir selbst. Der zweite Mensch sorgt dafür, daß wir nicht ausgerechnet vor den Situationen und Erlebnissen davonlaufen, an denen wir uns entwickeln können und die uns bei der fruchtbaren Entfaltung unseres Wesens helfen können. Sich nun vorzustellen, daß die freudigen Erfahrungen als Belohnung auf uns zukommen, als etwas auf das wir ein Recht haben, dient ganz und gar nicht der inneren Gewißheit und dem intensiven Empfinden karmischer Zusammenhänge. Die Übung mit den freudvollen Erfahrungen soll vielmehr den Tenor haben, daß wir sie uns als eine Gnade vorstellen, die uns geistige Wesen gewähren. Wir sollen sie uns keineswegs als eigenes Verdienst anrechnen, auch wenn sie dies sein können.

Wenn Sie ihre positiven Erlebnisse als eine Gnade aufzufassen suchen, die Ihnen durch höhere, geistige Mächte erwiesen wird, und wenn Sie diesen Gedanken über längere Zeit als innere Übung pflegen, werden Sie das sichere Gefühl noch verstärken, daß Ihr zweites oder höheres Selbst mit konkreten, göttlichen Wesenheiten verbunden ist, die als Weber Ihres Schicksals Sie auch an segensreichen Erfahrungen teilhaben lassen.

Es spricht für sich, daß diese übende Beschäftigung mit dem eigenen Schicksalsgefüge mit dem Ziel, innere Gewißheit über Reinkarnation zu erlangen, von vielen Menschen als zweifelhafte Selbstsuggestion oder sogar als Selbstbetrug angesehen wird. Daß das nicht der Fall ist, kann man nur dann überzeugend erfahren, wenn man diesen Übungsweg selbst geht. Man wird unterwegs ganz genau merken, ob man sich nur etwas vormacht oder ob man zu realen inneren Erfahrungen kommt.

Bei vielen Menschen beruhen Unbehagen und Abneigung gegen das mühsame Üben, durch das man sich innere Gewißheit über Reinkarnation und Karma verschaffen kann, auf einem häufig unbewußt wirksamen ›alttestamentarischen‹ Vorurteil. Die unangenehmen Begebenheiten sehen sie als eine Strafe an, die ihnen von einer höheren Macht auferlegt wird, während die erfreulichen Erlebnisse das Gefühl erzeugen, ein Recht auf Belohnung zu haben, weil sie sich diese heimlich als persönliches Verdienst anrechnen. In beiden Fällen verkennen sie sowohl den ›weiseren Menschen‹ in sich als auch die eigentliche Wirksamkeit der höheren Welt, die sich auf alle Aspekte des Lebensschicksals erstreckt.

Bei den beschriebenen Reinkarnations- und Karma-Übungen, die Rudolf Steiner in einer kurzen Vortragsreihe[136] darstellt, handelt es sich also vor allem darum, das eigene tiefste Wesen kennenzulernen, das sich im Laufe der wiederholten Verkörperungen offenbart. Auf dieses Wesen muß man zugehen. Die Reinkarnationserfahrung kommt hier nicht zustande, indem man in die eigene Vergangenheit zurückgeht, sondern indem man eine Gegenbewegung vollzieht, und zwar auch in Form eines ›Aussparens‹. Das werde ich noch erläutern.

In den Karma-Übungen, die Steiner 1924[137] in dem bereits genannten Vortragszyklus beschreibt, geht es vor allem darum, in den Beziehungen zu den Mitmenschen den karmischen Aspekt entdecken zu lernen. In der ersten Übung wird die Methode der ›Auslöschung‹ von Vorstellungsinhalten angewandt, in der zweiten Übung ist gerade das umgekehrte Verfahren gefragt, nämlich die Intensivierung des Erlebten. Steiner schickt diesen Übungen eine allgemeine Betrachtung über die erhöhte Aufmerksamkeit voraus, die ein Mensch entwickeln muß, wenn er die karmischen Wirkungen ergründen will.

Immer wieder wird in den Vorträgen darauf hingewiesen, daß die Wirklichkeit des Karma eine geistige Angelegenheit ist, die sich in gewisser Hinsicht hinter den sichtbaren Erscheinungen verbirgt. Wie können wir das gewöhnliche Vorstellungsbild, das wir selbst gebildet haben, daraufhin durchsichtig machen? Die Methode ist überraschend: Der Übende wird aufgefordert, den sichtbaren Menschen in drei ›Etappen‹ aus seiner Vorstellung wegzudenken, so daß die geistige Wirkungssphäre, die dahintersteckt, zum Vorschein kommen kann. In dieser Sphäre hat die karmische Motivation ihren Ursprung. Zunächst wird der Mensch alles, was er mit Händen und Füßen tut, kurz das ganze Tun und Lassen, aus seiner Vorstellung verbannen. Dazu denkt er sich Arme und Beine, Hände und Füße und damit das ganze menschliche Treiben weg und konzentriert sich auf das Temperament und die Stimmung, in der der sichtbare Mensch, den er wahrnimmt, sich befindet, wobei die menschliche Aktivität im äußeren Sinn keine Rolle spielen darf. Dadurch wird allmählich ein Teil des Menschen durchsichtig, und hinter diesem Teil erscheint ›der Mond‹ oder, anders ausgedrückt, die schöpferische Mondenwirkung. Das, was der Mensch durch seine Arm- und Beinbewegungen, durch die Arbeit seiner Hände und das Gehen seiner Füße bewirkt, ist Karma; diese Karmawirkung kann er aber erst ›wahrnehmen‹, wenn er in seiner Vorstellung die äußeren Gliedmaßen hat verschwinden lassen.

Dieses Verschwindenlassen oder Auslöschen der Vorstellungsbilder durch Konzentration gehört zu den schwereren Übungen der okkulten Schulung. Mit dieser Methode dringt der okkulte

Schüler von dem imaginativen zum inspirativen Bewußtsein vor. Rudolf Steiner beschreibt oft, wie der Übende seine Imagination ›wegsuggerieren‹ kann und wie sich dadurch in dem neu entstandenen inneren Leerraum geistige Wort- und Klangoffenbarungen manifestieren können. Bei den beschriebenen Karma-Übungen geht es um die Auslöschung des normalen Vorstellungsbildes, so daß ein imaginatives Bild, in diesem Fall die Mondenwelt, zum Vorschein kommen kann.

Der nächste Schritt besteht darin, daß die Sinnesimpulse weggedacht oder ausgelöscht werden, indem der Übende die Gesinnung, das Temperament und andere Äußerungen des psychischen Lebens wegsuggeriert. Was bleibt vom Menschen noch übrig, wenn man von all diesen Lebensäußerungen und überhaupt von den sinnlichen Wahrnehmungen absieht? Es bleibt lediglich eine Denkbewegung, eine bestimmte Lebensrichtung, welche durch das Denken angeregt wird, übrig. Als ›Antwort‹ auf die Auslöschung des sinnlichen Elements wird der Brustbereich mit seinen rhythmischen Organen, die für Atmung und Blutkreislauf verantwortlich sind, durchsichtig, und dahinter erscheint die ›Sonne‹. Diese Übung kann der Mensch mit sich selbst, aber auch mit einem anderen machen. Wenn er von dem, was die Sinne ihm bieten, absieht und es wegschafft, wird er sich selbst als Sonnenwesen schauen.

Wenn man nun auch noch die Denkbewegung ›wegdenkt‹, verschwindet auch noch der Kopf. Der ganze dreigliedrige Mensch, d.h. der Gliedmaßen-, Rumpf- und Kopfmensch, ist nun ausgelöscht, und schließlich schaut man, oberhalb von Mond und Sonne, auf den Saturn. »Aber«, sagt Rudolf Steiner, »in diesem Augenblicke liegt Ihnen das Karma des Menschen, oder Ihr eigenes Karma, bloß da. Denn in dem Augenblicke, wo Sie die Saturnwirkungen im Menschen beobachten, wo Ihnen der Mensch ganz durchsichtig geworden ist und Sie ihn soweit betrachten, daß Sie ihn auf dem Hintergrunde des ganzen Planetensystems schauen, auf dem Hintergrunde von Mond, Sonne, Saturn, in diesem Augenblicke liegt Ihnen das Karma des Menschen da.«[138]

Jetzt haben wir wiederum den ganzen Menschen vor uns, nun aber als Geistgestalt. Die Hand- und Fußbewegungen, die Sinneswahrnehmungen und die Denkrichtung sind wieder da, jetzt aber in ihrer Motivation, in ihrer geistigen Impulsierung, die in dem Zwischendasein zustande gekommen ist, als der Mensch Monden-, Sonnen- und Saturnwesen war und die Impulse von Mond, Sonne und Saturn in ihm wirksam waren.

In diesen drei Impulsen kommt uns aus dem Kosmos wiederum das Bild des Menschen entgegen, nicht aber das vertraute Bild des Mitmenschen bzw. das Bild der eigenen Person in der heutigen Inkarnation, sondern ein völlig neues Bild, das aus einer vorigen Inkarnation oder sogar aus einer Anzahl vergangener Inkarnationen stammt.

Wer die Beschreibung dieser Karma-Übungen liest, kann sich natürlich fragen, ob irgend jemand, außer Steiner selbst es geschafft hat oder es schaffen wird, auf diesem Weg zur Anschauung karmischer Zusammenhänge zu kommen, und ob es vielleicht doch einfachere Methoden gibt. Ist es nicht merkwürdig, daß Steiner auf der einen Seite immer wieder betont, wie notwendig die Beschäftigung mit der Karmaforschung ist, daß er aber auf der anderen Seite Wege zeigt, die äußerst schwer zu begehen sind? Die beschriebenen Übungen werden bei einem Schüler, der ernsthaft den Schulungsweg geht, durchaus zu Ergebnissen führen. Doch meines Erachtens hat Steiner im Rahmen seiner Karmabetrachtung vor allem zeigen wollen, daß in den Äußerlichkeiten des Lebens Karma sehr nah ist, wenn auch verborgen. Es ist als kosmisch-geistige Wirklichkeit beständig da. Die schwere Übung des Wegschaffens von Vorstellungen war wahrscheinlich auch gedacht als heilsames Gegengewicht gegen allerlei wilde Spekulationen über Karma, die seinerzeit in anthroposophischen Kreisen üppig wucherten.

Im nächsten Vortrag des gleichen Zyklus[139] wird eine weitere Übung geschildert, die, wenngleich nicht so schwer wie die zuvor beschriebene, doch auch eine besondere innere Anstrengung erfordert, die nicht jeder so selbstverständlich aufbringen kann.

Der Darstellung dieser Übung geht eine allgemeine Auseinandersetzung über geistige Erkenntnisse voran. Steiner geht dabei von der Tatsache aus, wie wenig der Mensch weiß und kann, verglichen mit dem unglaublichen ›Können‹ der Natur, wie es sich z.B. in der Einrichtung und Fähigkeit der Sinne zeigt. Der Mensch benützt Augen und Ohren, ohne genau zu wissen, wie diese Organe, die so grandiose Instrumente sind, in Wirklichkeit funktionieren. Ein gleichermaßen unbewußter Umgang mit dem Geistigen ist nicht mehr zeitgemäß. Früher, als der Mensch noch eine träumerische Hellsichtigkeit besaß, war das noch möglich. Damals war die Beobachtung des geistigen Seins genauso selbstverständlich wie heute die Wahrnehmung mit den physischen Augen. Jene Hellsichtigkeit verlief hinsichtlich des Erkenntnisprozesses, der sich dabei abspielte, genauso unbewußt wie unser Sehen heute.

Diese alte instinktive Fähigkeit der direkten Wahrnehmung des Geistigen ist verlorengegangen. Der heutige Mensch muß bewußt ein neues Verhältnis zur geistigen Welt finden. Das ist nur möglich, wenn die geistige Welt erforscht und in ihrem Wesen begriffen wird. Ebenso muß auch der Erkenntnisprozeß, mit dem dieses Geistige sich dem menschlichen Bewußtsein offenbart, verstanden werden. Wenn man die karmische Bedeutung einer Begegnung oder eines Ereignisses erfassen will, handelt es sich dabei auch um die Erforschung einer geistigen Wirklichkeit.

Eine wichtige Voraussetzung dafür ist das Wartenkönnen. Die Eile, mit der wir meistens versuchen, uns erwünschte Dinge anzueignen, bildet bei der Erwerbung geistiger Erkenntnisse sogar ein gewaltiges Hindernis. Die Geduld, die man aufbringen muß, um auf Fragen Antworten reifen zu lassen, sowie das Vertrauen, daß man zu Ergebnissen kommen wird, wenn man nicht aufgibt und sowohl das geistige Studium als auch die Übungen fortsetzt, sind unentbehrlich, wenn man einen Schulungsweg gehen will, der zu wirklichen geistigen Einsichten führt. Nicht selten muß man Jahre, ja Jahrzehnte warten. Wer meint, daß seine Intelligenz ihm zu einer schnellen Erleuchtung und einer flotten Einweihung in die Geheimnisse der Welt verhelfen wird, täuscht sich. Vielleicht kehrt er daraufhin diesem mühsamen Übungsweg den Rücken und findet möglicherweise schnellere und befriedigendere Techniken, die aber führen oft in eine seiner ursprünglichen Zielsetzung entgegengesetzte Richtung.

Für diejenigen, die den Mut haben, den langen, schwierigen Erkenntnispfad zu gehen, mögen diese Bemerkungen ein Ansporn sein. Den anderen, die bereits die vielfältigsten geistigen Erfahrungen gemacht haben – das kommt heute oft vor –, die meinen, daß ihre karmischen Erfahrungen deutlich genug sind und die von ihrem ›Wissen‹ über frühere Leben felsenfest überzeugt sind, sei Steiners Empfehlung ans Herz gelegt, durch Übungen die Erfahrungen auf ihren Wahrheitsgehalt hin zu testen, z.b. durch die folgende:

Wenn Sie versuchen, sich ein Ereignis, das sich vor einiger Zeit abgespielt hat, wieder vor das geistige Auge zu holen, werden Sie bald merken, daß Ihnen das nur teilweise gelingt. An allerlei Einzelheiten können Sie sich nicht mehr erinnern, und Ihnen wird bald deutlich, daß Sie zur Zeit des betreffenden Ereignisses nicht aufmerksam genug waren. Als nächstes versuchen Sie sich ein wichtiges Gespräch, das Sie z.b. im vergangenen Monat mit jemandem führten, so genau wie möglich ins Gedächtnis zu rufen. Sie müssen sich die verschiedenen Einzelheiten in einem scharf umrissenen und klaren Bild innerlich vor Augen stellen: die Umgebung, in der das Gespräch stattgefunden hat, der genaue Zeitpunkt, die Sprechweise des Partners, der Klang seiner Stimme, der Inhalt seiner Worte, aber auch Äußerliches wie Kleidung, Bewegungsart im Stehen und Sitzen usw. Das alles muß mit großer Intensität ins Bild gebracht werden, als ob Sie die Szene geistig malen wollten.

Wenn Sie einmal auf diese Weise ein besonders lebendiges und kräftiges Bild eines Ereignisses entworfen haben – das machen Sie mit dem Astralleib –, dann wird während der darauffolgenden Nacht, ihr Astralleib sich mit diesem Bild beschäftigen. Der Astralleib befindet sich während des Schlafes, wie wir wissen, zum größten Teil außerhalb des physischen und ätherischen Leibes. Die Beschäftigung des Astralleibes mit solchen Bildern bedeutet, daß er mit ihnen arbeitet: Er prägt das Bild der umgebenden Äthersubstanz ein oder, wie man auch sagen kann, die umgebende Ätherwelt erfüllt das astrale Bild mit ihrer Substanz. Dadurch wird das Bild verstärkt.

Wenn Sie am nächsten Morgen aufwachen und wenn ihr Astralleib (zusammen mit dem Ich) wieder in den ätherischen und physischen Leib zurückkehrt, bringt er das durch Ätherkraft verstärkte Bild wieder mit. Im Laufe des zweiten Tages füllt die Seele (Astralleib) sich gewohntermaßen wieder mit allerlei hin- und herschießenden Empfindungen, Gefühlen, Vorstellungen, Willensimpulsen usw. Wie immer spielt sich das ziemlich an der Oberfläche ab. In unbewußten Tiefen aber geschieht etwas Wichtiges: Das Bild, das Sie am gestrigen Tag mit so viel Energie aufgebaut haben, wird jetzt dem Ätherleib eingeprägt. In der zweiten Nacht kann nun der Ätherleib seinerseits, ungestört vom Astralleib, der sich während des Schlafes ja außerhalb des Ätherleibes befindet, dieses Bild ausarbeiten.

Nicht nur im Unbewußten spielen sich allerlei Dinge ab. Wenn Sie sich an dem Tag, an dem Sie mit der Übung angefangen haben – wir wollen diesen Tag den ersten Tag nennen –, wirklich besonders bemüht haben, ein kräftig ausgestaltetes und scharf umrissenes Bild mit allen Einzelheiten zustande zu bringen, dann wird Ihnen das zweifellos leichte Kopfschmerzen bereitet haben. Dieser Schmerz ist in diesem Zusammenhang ein gutes Zeichen, denn er deutet darauf hin, daß ihr Gehirn tüchtig gearbeitet hat. Die Kopfschmerzen werden Sie den ganzen Tag hindurch spüren. Wenn Sie abends zu Bett gehen, wird Sie vielleicht das geformte Bild und das leichte Schmerzgefühl zunächst nicht einschlafen lassen. Schließlich aber kommt dann doch der Schlaf und am nächsten, also am zweiten Tag, werden Sie mit dem folgenden Gefühl wach: Etwas ist in mir; ich weiß nicht genau, was es bedeutet, aber das gestrige Bild will etwas von mir; es scheint sich geändert zu haben.

Im Laufe des Tages verschwindet dieses Gefühl nicht. Es ist, als ob das Bild Ihnen andere Gefühle vermittelt als die, welche Sie sonst haben. Den ganzen zweiten Tag hindurch werden Sie dieses Gefühl nicht los. Das deutet darauf hin, daß das Bild nun aus dem Astralleib heraus in den Ätherleib hinunter wirkt und daß der Ätherleib das Bild aufnimmt.

Beim Erwachen am dritten Tag ist das Bild wieder da, jetzt noch weiter umgestaltet. Sie empfinden es wie einen sehr realen Traum, und es kleidet sich jetzt in mannigfaltige Bilder. Es ist, als ob auf die eine oder andere Weise geistige Wesen das besagte Ereignis, in die-

150

sem Fall das Gespräch, an Sie herantragen. Sie bekommen das Gefühl, daß es bei der damaligen Begegnung nicht allein um den einen Menschen ging, dem Sie allerlei gesagt haben, sondern Sie spüren, daß damals geistige Mächte im Spiel waren, die Ihnen dieses Ereignis entgegengebracht haben.

Während des dritten Tages wird das Bild, das in den Ätherleib aufgenommen wurde, abermals eine Ebene tiefer geführt, nämlich in den physischen Leib. Der Ätherleib drückt das Bild in den Nervenprozessen und Blutbewegungen des physischen Körpers ab. Wir können uns das nur schwer vorstellen, weil wir nun einmal geneigt sind, die Dinge, die mit dem Körper zusammenhängen, stofflich aufzufassen. Da scheint es wenig Sinn zu haben, wenn man sagt, daß ein Bild den Nerven- und Blutvorgängen eingeprägt wird. Aber es geht bei diesen Übungen gerade um Prozesse, die an sich nicht stofflich sind. Das sich verwandelnde Bild ist selbst auch ein nicht-materielles, ätherisches Gebilde, das sich mit demjenigen verbinden kann, was im Körper Kräftespiel und Bewegung von Lebensvorgängen ist.

In der Nacht, die auf den dritten Tag folgt, wird das Bild im physischen Leib vergeistigt. Es wird so ausgearbeitet, daß es für den hellseherischen Blick, der solche Metamorphosen wahrnehmen kann, wie ein verwandeltes Zusammenspiel von geistigen Wirkungen erscheint. Schematisch zusammengefaßt, sieht der Verlauf der drei Tage wie folgt aus:

| Erster Tag | Das Bild wird im Astralleib sehr intensiv aufgebaut. |
| Erste Nacht | Während des Schlafes verweilt das Bild im Astralleib, der sich außerhalb des Ätherleibes und des physischen Leibes befindet. Der äußere Äther erfüllt das Bild mit Äthersubstanz und verstärkt es so. |
| Zweiter Tag | Der Astralleib prägt das Bild dem menschlichen Ätherleib ein. |
| Zweite Nacht | Der Ätherleib nimmt das Bild auf und verarbeitet es, d. h. das Bild verwandelt sich. |

151

| | |
|---|---|
| Dritter Tag | Der Ätherleib prägt das Bild dem pysischen Leib ein. |
| Dritte Nacht | Der physische Leib nimmt das Bild auf und verarbeitet es; das Bild metamorphosiert sich weiter. |

Das Bild bleibt nicht im physischen Leib. Seine Umwandlung tritt in einem nächsten Stadium, auf eindrucksvolle Weise vergrößert, nach außen und umgibt den Körper wie eine Art Wolke. Damit stehen Sie am vierten Tag auf: Sie schweben sozusagen innerhalb einer Wolke. Wenn Sie jetzt sorgfältig auf ihren inneren Zustand achten, werden Sie feststellen, daß das, was am ersten Tag ausschließlich eine Angelegenheit des Kopfes war – Sie mußten ihr Vorstellungsvermögen stark anstrengen, um das Bild in aller Schärfe aufzubauen – und am zweiten Tag eine Gefühlsfärbung bekam, jetzt mit dem Willen zu tun hat. Ihr Wille steckt nun in dem veränderten Bild, das Sie umgibt. Dieser Wille kann sich aber nicht ausleben, sondern ist wie gefesselt. Rudolf Steiner beschreibt diesen Zustand in folgendem Gleichnis: Jemand will sich beweisen, indem er so schnell als möglich von einem Dorf zum nächsten läuft. Er spürt in sich den äußerst starken Drang loszulaufen, aber, als er zum Sprint ansetzt, kommt er nicht vom Fleck, er fühlt sich wie in einen Schraubstock eingeklemmt.

Dieser Zustand hält eine Weile an, dann verwandelt sich aber der eingeklemmte Wille und wird zum ›seelischen Auge‹, zum inneren Schauen. Das Bild, das Sie umgibt, nimmt festere Formen an und Sie nehmen das Ereignis aus ihrem vorigen Leben oder aus mehreren Vorleben wahr, das die Gesprächssituation, die Sie sich am ersten Tag so intensiv in Bildgestalt vorgestellt haben, verursacht hat.

In der Metamorphose, die von der Bildvorstellung über das Gefühl zum Willensimpuls führt, offenbart sich das verursachende Ereignis aus einem vorigen Leben, das das heutige Ereignis bzw. das heutige Gespräch veranlaßt hat.

Rudolf Steiner weist darauf hin, daß sich der Effekt einer solchen Übung erst nach vielen Versuchen einstellen wird und daß wir nicht meinen sollen, daß es auf Anhieb gelingen wird. Erst nach endloser Wiederholung, bei der man den Mut nicht verlieren darf, wird das erwünschte Ergebnis eintreten. Die innere Arbeit soll in aller Seelenruhe und Intimität verlaufen. Sobald Sie sich mit anderen darüber unterhalten oder sich damit brüsten, verschwindet das bereits Erreichte sofort wieder, wie das mit allen okkulten Erlebnissen – und die Karma-Erfahrung ist ein okkultes Erlebnis – der Fall ist.

Die Regressionserfahrungen sind von diesen Anforderungen weit entfernt. Denn wie leicht meint man hier, wenn man die Ursache seiner psychischen oder physischen Beschwerden sucht, während einer Sitzung im Eiltempo zu dem verursachenden Vorkommnis in einem vorangegangenen Leben zurückzugelangen. Worum geht es in Wirklichkeit? Im gegenwärtigen Leben sind Sie eine gewisse Persönlichkeit. Stellen Sie sich nun vor, es stieße Ihnen etwas zu. Stellen Sie sich vor, daß dieser Vorfall in einem zurückliegenden Erdenleben durch eine völlig andere Persönlichkeit, in der jedoch Ihr Ich steckte, bewirkt wurde. Eine ursprüngliche Begebenheit hat sich damals von der Person, die Sie waren, losgelöst und wurde in die Ätherwelt und in die dahinterliegende Astralwelt eingeschrieben. Um die karmische Ursache-Wirkungskette zu ergründen, müssen Sie also in die Vergangenheit zurückkehren und das ganze Zwischendasein rückwärts durchschreiten.

Wenn Sie die oben beschriebene Übung machen, gelingt dieser Rückgang sicher nicht beim ersten Mal. Sie müssen sich unglaublich anstrengen, und das immer wieder aufs neue. Vorausgesetzt der Faden reißt nicht ab, werden Sie zu einem bestimmten Moment das Gefühl bekommen, daß geistige Wesen Ihnen etwas entgegentragen: Sie überbringen Ihnen das karmische Bild. Sie beschäftigen sich nun offenbar mit den Vorgängen im Zwischendasein. Danach ziehen diese geistigen Wesen sich zurück, und nach dem dritten Tag werden Sie von dem Bild aus dem früheren Leben eingehüllt, das das verursachende Ereignis des heutigen Vorfalls enthält, von dem Sie ausgegangen sind.

Dieses Bild ist Ihnen nicht mehr einfach nur geschenkt worden, es ist zu Ihrer persönlichen Errungenschaft geworden. Zunächst können Sie ihm noch nicht so ohne weiteres nahekommen, denn

Sie sind wie eingeklemmt, wie gefesselt. Dieses Gefesseltsein hört auf, wenn Sie das Bild aus dem vorigen Leben mit dem Vorfall in diesem Leben in Verbindung bringen. Das Hin- und Herpendeln zwischen diesen beiden Bildern – der damaligen Ursache und der jetzigen Wirkung, letztere hat Sie drei Tage lang nicht losgelassen – erlöst Sie von jenem Eingeklemmtsein.

Sind Sie aber auf die Ursache fixiert, können Sie sich nicht bewegen, genau wie der Läufer, der sich nicht vom Startblock lösen kann. Gehen Sie von der Ursache im früheren Leben hinüber zur Gegenwart, dann befreien Sie sich aus jenen Fesseln, indem Sie innerlich den Zusammenhang durchschauen. Jetzt können Sie damit etwas anfangen.

Steiner empfiehlt, diese Übung nicht auf einen einzigen Vorfall zu beschränken, sondern einige Ereignisse parallel in Angriff zu nehmen. Daß Sie dann am nächsten Tag von diversen ›Nachgefühlen‹ geplagt werden und am darauffolgenden Tag eine entsprechende Anzahl Schraubstock-Erfahrungen haben werden, darf Sie nicht stören, denn alles wird sich wieder lösen.

Steiner betont, daß, wer solche Karma-Übungen angehen will, vollkommen normal, nüchtern und psychisch gesund sein muß. Auch der leichteste Anflug von Verrücktheit bildet bereits ein Hindernis, wenn man in geistiger Hinsicht etwas erreichen will. Auch wer sich Launen, Stimmungen und anderen Empfindlichkeiten hingibt, legt dem Streben nach geistigen Erfahrungen schwere Steine in den Weg.

Ruhige Besonnenheit, Wachheit in Kopf und Herz, ein vollständig präsentes Ich sind unerläßliche Voraussetzungen zu einer spirituellen Arbeit, die den Menschen in Verbindung mit der Wirklichkeit des Karma bringen soll.

# Christus und der Antichrist
# in ihrer Beziehung zu Karma

Gewöhnlich hält man die Lehre von Reinkarnation und Karma für nicht vereinbar mit dem Christentum. Es heißt, die christlichen Wahrheiten schlössen den Karmagedanken aus, und in den kanonischen Schriften[140] des Neuen Testaments kämen Wiederverkörperung und Schicksal im Sinne von karmischem Ausgleich nicht vor. Diese verbreitete Meinung ist nicht richtig.

Aus bestimmten Passagen in den Evangelien geht deutlich hervor, daß im Umkreis von Jesus, Inkarnation und Karma keine unbekannten oder inakzeptablen Gedanken waren. Das zu erläutern, würde aber zu weit führen. Jesus hat selbst auf eine bedeutende Wiederverkörperung hingewiesen, nämlich auf die von Johannes dem Täufer als dem wiedergeborenen Propheten Elias.[141] Die Theologen haben dazu allerdings eine andere Erklärung.

Das Christentum als Religion ohne Reinkarnationslehre ist das Christentum der Theologen und der offiziellen christlichen Kirchen. Stimmt das ursprüngliche Christentum von Christus selbst damit aber wirklich überein? Es ist nicht zu leugnen, daß Jesus Christus Reinkarnation und Karma nicht in seine Lehre – soweit sich diese den Evangelien entnehmen läßt – aufgenommen hat. Er hat diese Realität höchstens zart angedeutet, z.B. im Zusammentreffen mit der Ehebrecherin – darauf werde ich später noch zurückkommen. Doch läßt hier nichts unmittelbar und deutlich auf ein Verhältnis zum Reinkarnations- und Karmagedanken schließen.

Die römisch-katholische Kirche, die sich als die Behüterin der apostolischen Fortsetzung von Christi Wirken auf Erden versteht, hat den Reinkarnationsgedanken nie in ihre Lehre aufgenommen. Sie hat damit der menschlichen Lebensaufgabe eine Beschränkung auferlegt, die in der Anfangszeit ihre Berechtigung hatte. Der damalige Mensch hatte den Auftrag, das eine, durch Gott gegebene, irdische Dasein mit Hilfe der kirchlichen Sakramente in eine bleibende himmlische Seligkeit zu führen. Diese Beschränkung war sicher heilsam für die noch jungen Völker in Europa zu Beginn des christlichen Zeitalters. Seinerzeit brauchten die Menschen diese streng auf das eine Leben gerichtete, geistige Erziehung, um ihr irdisches Dasein mit christlicher Moralität zu durchdringen.

Das, was für einen gewissen Zeitraum im Zusammenhang mit einem anstehenden Entwicklungsschritt gut und berechtigt ist, muß in einer nächsten Epoche ergänzt und umgestaltet werden. Oft ist sogar eine völlige Umkehrung bestimmter Prinzipien notwendig, um einen neuen Entwicklungsschritt machen zu können. Das gilt nicht nur für den individuellen Werdegang, sondern auch für die große Entwicklung der gesamten Menschheit. Zweitausend Jahre Christentum ohne Reinkarnations- und Karma-Anschauung muß jetzt durch ein Christentum, dem dieser Gedanke innewohnt, abgelöst werden. Unser Zeitalter muß, um aus der Sackgasse zu kommen, in die es allmählich geraten ist, ein neues Verhältnis zum Christentum gewinnen. Der Appell zur Erneuerung geht nicht von menschlichen Erwägungen aus, sondern liegt in dem Wesen des Christus selbst begründet, der als lebendige Geistesmacht in den Dogmen und Belehrungen nicht in seiner vollen Dimension zu erfahren ist. Die neue Anschauung des Christuswesens will ich zunächst noch nicht weiter erläutern. Ich werde mich vorerst mit der vermeintlichen Unversöhnlichkeit der Wiederverkörperungs- und Karmalehre mit der christlichen Gnadenlehre auseinandersetzen.

Wenn, so sagt der kirchlich Gläubige, der Mensch durch eigenen karmischen Ausgleich imstande ist, sich von seinen Sünden zu befreien, wäre die Erlösungstat Christi auf Golgatha überflüssig gewesen. Wenn die Befreiung von Sünden nach der Reinkarnationslehre also nicht durch Vergebung geschieht, sondern dem Menschen selbst überlassen ist, kann er offenbar ohne göttlichen Helfer, ohne Heiland auskommen. Die Lehre von Reinkarnation und Karma leugnet demzufolge Christus als den Retter, der den Menschen von den Folgen der Erbsünde befreit. – So kommt es, daß die anthroposophische Geisteswissenschaft, für die Karma und Reinkarnation zentral sind, als eine unchristliche Strömung eingestuft wird.

In Steiners geisteswissenschaftlicher Arbeit findet sich jedoch ein Passus – den kirchlichen Kritikern offensichtlich unbekannt –, der auf überzeugende Weise die Ansicht über die Unvereinbarkeit von Karma und christlicher Gnade widerlegt.[142] Im folgenden möchte ich das, ausgehend von der Szene mit der Ehebrecherin im Johannesevangelium, erläutern:

»Da brachten die Schriftgelehrten und Pharisäer eine Frau herbei, die beim Ehebruch ergriffen worden war, und stellten sie in ihre Mitte. Dann sprachen sie zu ihm: Meister, diese Frau ist auf frischer Tat beim Ehebruch ergriffen worden. Moses hat uns im Gesetz geboten, solche Frauen zu steinigen. Was sagst du dazu? Das sagten sie, um ihn auf die Probe zu stellen und um einen Grund zur Anklage gegen ihn zu finden. Jesus jedoch beugte sich nur nieder und schrieb mit dem Finger in die Erde. Als sie nicht aufhörten, mit Fragen in ihn zu dringen, richtete er sich auf und sprach: Wer von euch von der Sünde frei ist, der werfe als erster den Stein auf sie. Und wieder beugte er sich nieder und schrieb in die Erde. Als sie seine Worte gehört hatten, gingen sie, zuerst die Ältesten, einer nach dem anderen hinaus. Schließlich blieb er ganz allein zurück, und die Frau stand noch in der Mitte. Da richtete sich Jesus auf und sprach zu ihr: Weib, wo sind sie nun? Verurteilt dich keiner? Sie sprach: Keiner, Herr. Da sprach Jesus: Ich verurteile dich auch nicht. Geh, und sündige von jetzt an nicht mehr!« (Joh. 8, 3-11)

Als Antwort auf die Frage der Schriftgelehrten schrieb Jesus mit dem Finger in die Erde, doch sie verstanden die Bedeutung seiner Handlung nicht. Als sie aber weiter in ihn drangen, antwortete er auf eine Art, die ihn nicht in die Falle gehen ließ, die sie ihm gestellt hatten. Hätte er ihnen erwidert, wie sie hofften, daß sie der Frau Barmherzigkeit widerfahren lassen und sie nicht töten sollten, dann hätte er gegen das Gesetz des Moses verstoßen und wäre dadurch selbst des Todes schuldig gewesen. Seine einfache und zugleich von höchster Weisheit erfüllte Antwort, läßt sogar die strengen und hartherzigen Pharisäer abziehen. Abermals in die Erde schreibend, wiederholt er nun für die Frau seine wortlose Belehrung: Was sie verbrochen hat, ist in die Erde eingeschrieben. Auf Erden – in einem späteren Leben also – wird sie ihre Schuld auszugleichen haben. Die Wirkung ihrer Tat wird in der Erde eingegraben bleiben, bis sie diese selbst ausgelöscht hat, d.h. ihre Tat wird zur karmischen Last. Christus sagt aber zu ihr:»Ich verurteile dich auch nicht. Geh, und sündige von jetzt an nicht mehr!« Er, der als einziger wirklich ohne Sünden ist, hätte den ersten Stein werfen dürfen. Er tut es nicht, aber er macht der Frau bewußt, daß sie frei ist, und deutet auf die Zukunft hin, indem er sie ermahnt, nicht mehr zu sündigen. Er macht ihr klar, daß die Entscheidung für oder gegen die Sünde, in ihrer Hand liegt.

Der Frau wird ihre Schuld nicht erlassen. Der tiefere Sinn einer wirklichen Vergebung der Sünde kann nicht im bloßen Erlassen bestehen. Christus zeigt ihr die Wirklichkeit des Karma. Damit wird ein Übergang geschaffen von dem mosaischen Gesetz der Vergeltung zum Christusimpuls der Freiheit und Liebe. Das Karmagesetz ist zwar genauso unerbittlich wie das jüdische, aber es gründet sich nicht auf das Prinzip der von außen auferlegten Strafe, denn in seinem innersten Wesen sehnt sich der Mensch zutiefst nach Begleichung seiner Schuld.

Kann die Frau aber ihre ganze Schuld selbst abzahlen? Einen Teil, der in das Weltganze eingeprägt ist, kann sie nicht selbst tilgen. Jede Negativität im Denken oder Handeln, wie gering oder schwerwiegend sie auch sein mag, ist sowohl eine persönliche Schuld desjenigen, der den negativen Gedanken gebildet oder die zerstörerische Handlung ausgeführt hat, als auch eine objektive Schuld, nämlich ein Angriff auf das Weltsystem, der vom einzelnen ausgeht. Diese objektiven, Tod und Zerstörung bringenden Eingriffe in die Welt kann der Mensch nicht selbst wiedergutmachen.

Das kann nur ein Wesen, das selbst der Schöpfer des Weltsystems ist. Er, der von Johannes das schöpferische Wort genannt wird, und ohne dessen Zutun nichts von dem, was ist, entstanden ist, nimmt den objektiven Bestandteil der Schuldenlast seiner Geschöpfe auf sich. Täte Christus das nicht, wäre die Welt schon längst an der unsäglichen Menge verheerender Eingriffe seitens der Menschheit zugrunde gegangen.

Dieses unergründliche Liebesmysterium drückt der christliche Eingeweihte in dem Sinnbild vom »Lamm Gottes, das der Welt Sünde auf sich nimmt«[143], aus. Diese Art der Sündenvergebung steht nicht zu der Idee des karmischen Ausgleichs im Widerspruch, sie bildet vielmehr das göttliche Gegenstück. Immer hat es tiefsinnige Christen gegeben, die sich des Mysteriums des Christusopfers bewußt waren und erkannten, daß sie an der fortwährenden Kreuzigung mitschuldig sind, die die Menschheit der Christuswesenheit unentwegt auferlegt, solange sie nicht alle Negativität und Lieblosigkeit überwunden hat.

Darum wissend malte Rembrandt in seinem Gemälde »Das Aufrichten des Kreuzes«[144] sich selbst als einen der Knechte, die mithelfen, das Kreuz aufzustellen. Der Maler steht, vollbeleuchtet, genau in der Mitte des Bildes, und sein Blick scheint die durchbohrten Füße des Gekreuzigten zu berühren. Links und rechts von ihm erkennt man zwei andere schwer arbeitende Henker, fast völlig in Finsternis gehüllt.

Karma und Vergebung der Sünden sind die zwei unlöslich miteinander verbundenen Wirklichkeiten, in denen der Mensch lebt; zusammen bilden sie die Realität des Christuswesens.

Vielleicht hat sich mancher Leser darüber gewundert, daß in den vorangegangenen Kapiteln, bei den Beschreibungen des Daseins zwischen Tod und neuer Geburt, die Gestalt des Christus nicht vorkam. Das hat seinen Grund, denn ich wollte diesen Aspekt in einem eigenen Kapitel eingehend betrachten.

Eigentlich hört sich die christliche Lehre glaubwürdig an, die besagt, daß die Seele eines Verstorbenen den Christus ›im Himmel‹ findet und von nun an mit ihm vereinigt bleiben darf. Diese christlich-kirchliche Vorstellung geht aber – das mag ungewohnt klingen – eigentlich noch immer von der vorchristlichen Situation aus. Ehe Christus auf die Erde kam, war das kosmische Christuswesen in der Sonnensphäre beheimatet. Jedes menschliche Wesen hatte, bevor es zu einer neuen Verkörperung in einer irdischen Hülle zur Erde hinunterstieg, eine Begegnung mit dem höchsten göttlichen Sonnenwesen. In den frühen Zeiten, in denen die traumhafte Hellsichtigkeit noch überall in den Rassen und Völkern der Erde lebte, konnten sich gewiß Menschen bisweilen an diese vorgeburtliche Begegnung mit der höchsten Gottheit erinnern. Auch während der Nacht, wenn Seele und Geist außerhalb des schlafenden Körpers weilten, erfuhren die früheren Menschen die Gegenwart des Christus, den sie nicht Christus, sondern »Sonnengott« oder das »Wort« nannten. Ein solches Erlebnis nahm ihnen dann das Angstgefühl, das sie zunächst jedesmal beim Verlassen des schlummernden Körpers überfiel; sie hatten Angst, in die Unendlichkeit der kosmischen Sternenwelten hineingezogen zu werden.

Auch daran behielten die Menschen während des Tageslebens traumhafte Erinnerungen zurück, welche die Grundlage für alle religiösen Gefühle bildeten und an die die Priester der verschiedenen Völker ohne viel Mühe ihre Belehrungen und kultischen Dienste anknüpfen konnten.

Das alles war möglich, ehe Christus sich mit der Erde verband. In dem Moment aber, in dem Johannes Jesus im Jordan taufte, zog Christus aus den kosmischen Sonnenhöhen in den Leib und in die Seele des Menschen Jesus von Nazareth ein. Drei Jahre lang durchdrang der höchste kosmische Gott den Menschen Jesus und vermenschlichte sich in ihm. Als Jesus Christus dann den Märtyrertod am Kreuz durchlitt, war Gott Mensch geworden, auf daß sich der Mensch wiederum zur Göttlichkeit erheben kann. Die Auferstehung aus dem Grab auf Golgatha bedeutete, daß von diesem Zeitpunkt an der Menschheit der Keim eines neuen, unsterblichen Leibes für die Zukunft gegeben war und daß der Auferstandene nicht länger mehr ›im Sonnenhimmel‹, sondern von nun an in der Äthersphäre der Erde ›bei den Menschen‹ zu finden ist. Das Ereignis, das »Himmelfahrt« genannt wird und das meistens mit dem Aufstieg in die Sphäre der Wolken (aus denen er auch wiederkehren wird) angedeutet wird, müssen wir als die Vereinigung des Christus mit der unstofflichen Äther- und Lebenssphäre unserer Erde auffassen und nicht als Aufstieg zu den weiten himmlischen Gefilden der Planeten und Fixsterne.

Wenn, seit dem Mysterium von Tod und Auferstehung auf Golgatha, ein Mensch während seines irdischen Lebens eine wirkliche Verbindung mit dem Wesen des Christus gesucht hat, nimmt er dieses Wesen bei seinem Tod sozusagen von der Erde in den Himmel mit. Eine grundlegende Veränderung hat sich vollzogen: Seit der Erscheinung des Christus auf Erden, hat der Mensch sein Ich-Bewußtsein immer mehr gestärkt. Das hatte eine viel größere Wachheit während des Tageslebens zufolge, und zwar im Hinblick auf die sinnliche Welt einerseits und auf das eigene innere Wesen andererseits. Es brachte aber gleichzeitig eine zunehmende Bewußtseinsverfinsterung in bezug auf die geistig-moralische Welt mit sich. Der heutige Mensch hat nur noch selten Erinnerungen an eine vorgeburtliche Existenz. Und ebensowenig hat er Erinnerungen an geistige Erfahrungen während des Schlafes. Selbst wenn er solche Erfahrungen hätte, würde doch kein Bild des Christus in ihm aufsteigen, es sei denn, er hat sich während seines Tagesbewußtseins intensiv mit dem Geschehen auf Golgatha beschäftigt.

In den Betrachtungen über das Leben zwischen Tod und neuer Geburt deutet Steiner immer wieder darauf hin, daß der Verstorbene in den verschiedenen Sphären des Zwischendaseins nur dasjenige bewußt erfahren kann, für das er sich während seines vergangenen Erdenlebens eine Wahrnehmungsmöglichkeit geschaffen hat. In der Sonnensphäre ist das Christuswesen nicht mehr unmittelbar anwesend. Nur das kosmische Erinnerungsbild (Akasha[145]) ist in dieser Sphäre noch wirksam. Der Mensch, der sich auf Erden nicht mit Christus beschäftigt hat, wird dieses Erinnerungsbild auch in der Sonnensphäre nicht sehen, denn das kann nur aus einer von der Erde herrührenden Verbundenheit mit dem Mysterium von Golgatha ›beleuchtet werden‹. Selbst ein großer Eingeweihter wird Christus in der Sonnensphäre nicht schauen, wenn er auf der Erde keine Verbindung mit Christus eingegangen ist. Hingegen kann ein weniger entwickelter Mensch, der aber das Wissen um Opfertod und Auferstehung des Christus im Herzen trägt, ihn sehr wohl im geistigen Zwischenleben schauen. Wer Christus nicht in seinem Innern von der Erde zum Himmel hinüberträgt, sieht, wenn wir es in einem Bild ausdrücken wollen, ›seinen Thron in der Sonnensphäre leer‹. Ein anderer Thron ist aber nicht leer. Auf ihm sitzt Luzifer, der beim Gang des menschlichen Wesens durch die höheren Gebiete der geistigen Welt eine wichtige Rolle spielen wird. Die Führung durch Luzifer ist nötig und unausweichlich. Er allein kann den menschlichen Geist aus allen irdischen Bindungen lösen und ihm bei der Vorbereitung zu einer nächsten Inkarnation helfen, indem er sein Licht auf die höheren Hierarchien, die das zukünftige Karma schaffen, wirft.

Findet der Mensch in der Sonnensphäre die hohe Lichtgestalt des Christus, weil er sie von der Erde mitgenommen hat, dann kann er sich ohne Gefahr Luzifer anschließen, der ihm auf berechtigte Weise hilft, seine kosmische Reise und die Vorbereitung auf seinen neuen Abstieg zur Erde zu vollziehen.

In diesem Zusammenhang muß man sich deutlich vor Augen halten, daß der Mensch im nachtodlichen Leben, ebenso wie während des Schlafes, die Hilfe eines göttlichen Führers braucht, will er sich selbst nicht verlieren. Der Mensch durchwandert nicht nur die Planetensphären, er breitet auch sein Wesen sphärisch über die geistigen Regionen aus. Dabei läuft er Gefahr, auseinandergezogen zu werden. Sein Ich, das auf Erden in gewisser Hinsicht einen richtigen Mittelpunkt hatte, stülpt sich nach dem Tod um und wird zum Kugelumkreis des Kosmos. Dabei droht dem menschlichen Wesen das Gefühl, ein geschlossenes individuelles Wesen zu sein, verloren zu gehen.

Rudolf Steiner betont immer wieder in seinen Betrachtungen über das Leben zwischen Tod und neuer Geburt, daß die geistige Führung des Christuswesens bei dem Gang durch die höheren Welten unentbehrlich ist, damit sich das Karma wirklich zum Guten entwickeln kann. Die so oft gehörte Frage, ob der Reinkarnations- und Karmagedanke mit dem Christentum vereinbar ist, muß umgekehrt gestellt werden: Ist es überhaupt möglich, eine wirkliche Reinkarnations- und Karmalehre ohne den Christusgedanken zu entwickeln? Auf die menschliche Erfahrungswelt bezogen, müßte diese Frage dann lauten: Kann der Mensch, in einer kosmischen Zwischenexistenz ohne Hilfe des Christus eine neue Körperlichkeit aufbauen, die er sich doch schon auf der Erde nur dadurch richtig verschaffen konnte, daß er Christus in sich aufnahm? Natürlich wird für jeden Menschen, der sich reinkarnieren wird, eine neue Körperlichkeit aufgebaut. Doch wenn im Zwischendasein das Bewußtsein getrübt ist, weil aus dem vorigen irdischen Leben lediglich Finsternis mitgebracht wurde, dann vollzieht sich das Ineinandergreifen der menschlichen Wesensglieder (physischer Leib, Ätherleib und Astralleib) auf eine mangelhafte Weise. Es mag ein wenig banal klingen, aber man kann doch sagen, daß dann die höheren Hierarchien beim Aufbau der künftigen Körperlichkeit nicht genügend einbezogen werden können – ebensowenig wie die durch das Karma mit dem betreffenden Menschen verbundenen Mitmenschen – und daß deswegen keine vollständige karmische ›Reife‹ zustande kommen kann. Das Zwischendasein wird dadurch erheblich verkürzt, und der Mensch kommt mit einem schwachen ›Instrumentarium‹ auf die Erde zurück.

Steiner erwähnt in diesem Kontext auch das Schicksal von Verbrechern, bei denen eine unausgewachsene Bildung ihrer Körperlichkeit einem zu kurzen Zwischendasein zuzuschreiben ist. Der ›normale‹ Aufbau der neuen Körperlichkeit mit dem Ziel einer vollausgereiften karmischen ›Frucht‹ ist von schädlichen Einflüssen durchkreuzt worden.

Man hat lange gedacht – und dieser Gedanke herrscht noch immer vor –, daß das Christentum eine unter vielen gleichwertigen Religionen sei. Als solche hat sich das kirchliche Christentum auch in der Praxis präsentiert. Rudolf Steiner sagt aber mehrfach, daß das Christentum zwar als eine Religion unter vielen angefangen hat, daß es jetzt aber viel mehr als nur eine religiöse Strömung ist, der man anhängen kann oder nicht. Es geht beim Christentum eigentlich nicht um eine Lehre im Sinne von durch Autorität festgelegten Glaubensregeln, sondern es handelt sich um eine Tat, um ein objektives, historisch-reales Ereignis, das – ob man nun daran glaubt oder nicht – mit der Entwicklung der gesamten Menschheit der Erde und des umfassenden Weltsystems zusammenhängt.

Christi Kommen auf Erden mag zunächst eine unmittelbar heilbringende Tat für alle Menschen gewesen sein, ungeachtet dessen, ob sie diese Tatsache als solche erkannt oder an sie geglaubt haben. In der fortschreitenden Bewußtwerdung des Menschen im Laufe der aufeinanderfolgenden Erdenleben aber wird es immer dringlicher, wenn wir das Menschsein nicht verkümmern lassen wollen, diese Tat des Christus in das Bewußtsein aufzunehmen, auch wenn die durch uns praktizierte Religion oder unsere Weltanschauung keine christliche ist. Genau wie man, ungeachtet ob man Buddhist, Islamit oder Atheist ist, eine wissenschaftliche Wahrheit erfassen und hinnehmen kann, sollte man die objektive Wirkung des Christuswesens einsehen und akzeptieren können. Der Zugang muß also kein direkt religiöser sein, sondern ein geisteswissenschaftlicher.

Indem wir uns in die Reinkarnations- und Karmawirklichkeit vertiefen, können wir beobachten, daß das Zustandekommen der Wiederverkörperung und des Lebensschicksals in zunehmendem Maße in unserer Zeit zu einer heiklen Angelegenheit wird, weil das, was ein Entwicklungsprozeß sein sollte, immer mehr zum Teufelskreis wird: Ein Erdenleben ohne geistiges Licht führt zur Einsamkeit und zu getrübtem Bewußtsein im Zwischendasein; das wiederum wirkt sich in einer kümmerlichen Leiblichkeit und einem unvollständigen karmischen Muster für das nächste Leben aus.

Folgendes kommt noch hinzu: Unsere westliche Kultur trägt eine mehr als tausendjährige Last mit sich, welche unser Denken und Handeln noch immer in starkem Maße bestimmt. Das Konzil von Konstantinopel im Jahre 869 hatte ein Dogma aufgestellt, das auf die Abschaffung des menschlichen Geistes hinauslief. Dieses Dogma besagte, daß der Mensch aus Leib und Seele bestehe und daß die Seele geistige Eigenschaften besitze. Die spätere Wissenschaft hat diese Auffassung über den Menschen nicht nur übernommen, sie hat sogar ihre Ansichten ganz und gar auf diese Geistverleugnung gegründet, und zwar nicht nur im Hinblick auf den Menschen, sondern auch auf die Natur und den Kosmos. Diese

164

Geistverneinung ist die Wurzel des Materialismus, der im Laufe der Zeit viel radikalere Formen angenommen hat, als für das Mündigwerden des freien, selbstbewußten Menschen nötig war. Seit der Abschaffung des Geistes greift die materialistische Gesinnung mit einer solch verheerenden Kraft um sich, daß sie eine tiefgehende Zerstörung anrichtet, und zwar nicht nur in allen irdischen Bereichen – man denke an Umweltschäden, soziale Krankheitserscheinungen von enormem Ausmaß, an Rassen- und Völkerhaß, moralische Dekadenz, Kriminalität, Korruption und psychische Hilflosigkeit –, sondern auch in den Wirkungsbereichen der hierarchischen Wesen. Das hat sowohl eine wachsende Chaotisierung des Karma zur Folge wie auch eine zunehmende Aktivität der bereits genannten luziferischen und ahrimanischen Mächte, d.h. der anti-christlichen Mächte, die den Menschen von einer geistig fundierten Ansicht der Wirklichkeit des Karma abzuhalten suchen.

Die Legalisierung von Abtreibung und Euthanasie (in den Niederlanden), die, so meint man, aus ›sozialen‹ Gründen notwendig und unvermeidbar geworden ist, ist ein deutlicher Indikator dafür, daß der Mensch Geburt und Tod nicht mehr als entscheidende Momente in der menschlichen Entwicklung, als Marksteine des Karma, erkennt. Abtreibung und Euthanasie als willkürliche Eingriffe in das Schicksal, können als Beispiele für ein ausgedehntes Netz von Chaotisierungstendenzen gelten, die in der technokratisch-materialistischen Zivilisation herrschen.

Diejenigen, die sich therapeutisch mit Reinkarnation und Rückführung beschäftigen, sollten sich grundsätzlich mit der Frage auseinandersetzen, ob sich die durch ihre Methode hervorgerufenen Erfahrungen tatsächlich auf Reinkarnation und Karma, wie wir sie hier in ihrer Komplexität und Erhabenheit dargestellt haben, beziehen. Kann auf diese Frage keine genaue Antwort gegeben werden, so ist zu befürchten, daß die allgemeine Verwirrung bezüglich der Reinkarnations-, aber vor allem der Karmathematik noch größer wird. Handelt es sich hier nur um ein theoretisches Problem und wäre dieses aus der Welt, wenn man die Regressionsergebnisse nicht länger mehr mit den Begriffen Reinkarnation und Karma in Verbindung brächte, weil ja der offensichtliche Erfolg dieser Therapie das Wichtigste ist?

Menschen, die den tieferen Sinn des äußeren Weltgeschehens und die innere Krise der Menschheit zu ergründen suchen, wird auffallen, daß viele Phänomene und Symptome unserer Zeit äußerst bedrohliche Dimensionen annehmen. Eine Katastrophe von noch nicht abzuschätzendem Umfang scheint sich anzubahnen. In diesem Zusammenhang fällt oft das Wort »apokalyptisch«[146]. Die Krisenerscheinungen der heutigen Menschheits- und Weltsituation werden also mit den Bildern aus der Offenbarung des Johannes (Apokalypse), dem letzten Buch des Neuen Testaments, in Verbindung gebracht. Auch wenn die Bilder dieser Schrift schwer zu durchschauen sind, wird doch deutlich, daß sich in diesem visionären Geschehen nicht nur die höchste Göttlichkeit in ihrer ganzen Majestät dem grenzüberschreitenden Bewußtsein offenbart, sondern daß sich auch die Macht des Bösen, das Antigöttliche, in seinem vollen Umfang zeigt.

Eines der großartigsten Bilder, in dem der Gegensatz zwischen Göttlichem und Antigöttlichem zum Ausdruck gebracht wird, ist die Offenbarung der menschlichen Seele in ihrer kosmischen Erscheinungsform. Im zwölften Kapitel der Apokalypse beschreibt Johannes eine Jungfrau, die im Himmel sichtbar wurde und sich als das kosmische Urbild der menschlichen Seele in ihrer dreigliedrigen Natur offenbarte. Sie trägt als Zeichen ihrer Denkkraft eine Sternenkrone auf dem Haupt, ist mit der Sonne bekleidet, und die Mondsichel krümmt sich unter ihren Füßen, mit anderen Worten: Sie ist ein fühlendes, wollendes und denkendes Wesen.

Nach allem, was in den vorigen Kapiteln beschrieben wurde, ist es nicht schwer, in diesem Urbild der Seele zugleich das Urbild des menschlichen Karma zu sehen. Karma bildet sich ja, indem die Geistseele nacheinander Monden- und Sonnensphäre durchschreitet, über die Saturnsphäre in die höchsten Sternenregionen aufsteigt, um dann auf ihrer Rückkehr zur Erde wiederum diese Sphären zu durchwandern.

Nun sagt die Apokalypse, daß das himmlische Weib »schwanger war und schrie in den Wehen und Schmerzen des Gebärens« und daß vor ihr ein Drachen stand, der das Kind, das geboren wurde, verschlingen wollte. Das kosmische Kind, aus dem Seelenschoß geboren, kann man als das höhere Selbst des Menschen betrachten, das mit Christus verbunden ist. Das Kind wurde »zu Gott und an seinen Thron« entrückt, so daß der Drache es nicht verschlingen konnte. Er richtete nun seine Wut gegen die Seelenjungfrau: »Und das Weib floh in die Wüste.«

Wenn man den imaginativen Charakter dieser spirituellen Bilder begrifflich zu deuten versucht, kann man folgendes sagen: Die Macht des Bösen oder der Antichrist, der nicht imstande ist, das Geisteskind, das aus der Seele geboren wird, zu zerstören, richtet nun seine Anfälle gegen die menschliche Seele. Man kann sogar noch weiter gehen und sagen: Der Antichrist richtet seine Angriffe gegen das ›himmlische Weib‹, das in die Wüste flieht, das also in einem irdischen, physischen Körper leben muß. Damit richtet der Widersacher sich gegen dasjenige, was die ›verbannte‹ Seele mit ihrem Kind, dem höheren Selbst verbindet, nämlich gegen das Karma selbst. Das Karma ist nämlich die kosmisch-geistige Antwort auf die tragische Situation, in der sich der Mensch befindet, der andauernd durch seine irdische Körperlichkeit der Macht des Drachens ausgesetzt ist. Gelänge es dem Drachen, das menschliche Karma so in Verwirrung zu bringen, daß eine Verbindung mit dem ›göttlichen Kind im Himmel‹ nicht mehr möglich wäre, hätte er sein eines Ziel erreicht. Sein anderes ist, den Menschen davon abzuhalten, sich des Karma bewußt zu werden und es zu ergründen.

Der Mensch muß sich in die Leiblichkeit begeben, weil er nur durch die Auseinandersetzung mit dem Bösen seine Ich-Kraft erproben und ihr die nötige Stärke geben kann; er muß seine Seele der Verfolgung des Drachen aussetzen. Die apokalyptischen Bilder, so phantastisch sie auch erscheinen mögen, sind äußerst exakt, und wir können ihre Realität in den dramatischen, inneren und äußeren Ereignissen unseres Zeitalters erkennen.

Es gibt nun aber auch einen himmlischen Helfer; die Apokalypse nennt ihn Michael. Er ist der strenge Engel, der den Kampf mit dem Drachen aufnimmt, ihn aus dem Himmel vertreibt und ihn auf die Erde stürzt. Wenn der Mensch auf Erden diesen Michaelskampf nicht aufnimmt und fortsetzt, wird die Macht des Drachens sich abermals und dann unwiderruflich in die geistigen Regionen einnisten, weil die verfinsterten Seelen der Menschen ihm damit wieder Zugang zum höheren Reich verschaffen.

Es muß in unserer Zeit ein geistiger Kampf zugunsten der menschlichen Seele geführt werden. Dabei wird die Erkenntnis des Karma eine entscheidende Rolle spielen.

Mit den in diesem Buch vorgelegten Ausführungen über Karma und Reinkarnation habe ich versucht, in Kürze Rudolf Steiners Karmawissenschaft zu schildern. Vollständigkeit habe ich, auch um das Buch nicht zu überladen, nicht angestrebt. Das bedeutet, daß mancher nicht unwichtige Gesichtspunkt ungenannt bleibt. Parallelen und Unterschiede zwischen Geisteswissenschaft und Rückführungserfahrungen sind, wie ich hoffe, deutlich genug beleuchtet. Wenn aus geisteswissenschaftlicher Sicht Zweifel, nicht an der Authentizität der Regressionserfahrungen, sondern an ihrer Deutung aufkommen, dann hat die Geisteswissenschaft den Auftrag zu zeigen, daß bei den genannten Rückführungserfahrungen nicht von Reinkarnation oder Karma die Rede sein kann. Diese Phänomene müßte sie dann auf eine andere Weise erklären. Eine polemische Auseinandersetzung hierüber kann nicht fruchtbar sein. Doch wenn die unterschiedlichen Standpunkte einander gegenübergestellt werden, wie ich es hier versucht habe, kann und soll dies Gelegenheit zu einem offenen Gespräch und einer freien Suche nach Einsicht geben.

# Anmerkungen

1 *Rudolf Steiner* (1861–1925): österreichischer Philosoph und geistes-wissenschaftlicher Forscher auf übersinnlichen Gebieten, Autor vie-ler Bücher und Schöpfer eines gigantischen Lebenswerkes, das unter anderem aus mehr als 6000 Vorträgen besteht, von denen die meisten mitstenographiert wurden und in Buchform erschienen sind. Sein gesamtes Werk wird »Anthroposophie« genannt.

2 W. F. Veltman: *Karma en reïncarnatie,* Zeist 1981.

3 *Rückführungserlebnisse* werden vom Klienten während sogenannter Regressions- oder Rückführungssitzungen durchlebt, in denen mit-tels Hypnose oder einer anderen Methode Ereignisse aus einer frü-heren irdischen Inkarnation wiedererlebt werden. Die Person, die diese Regression durchmacht, wird auch »Remigrant« genannt. Der Begriff der Regression bezeichnet hier also nicht einen Rückfall in frühere, kindliche Verhaltensmuster.

4 *Einweihungswissenschaft:* von Eingeweihten entwickelte Wissen-schaft. Diese Menschen besitzen meist eine geschulte Hellsichtigkeit und haben eine geistige Einweihung bekommen. Das befähigt sie, in bewußten Kontakt mit Wesen zu treten, die die übersinnlichen Wel-ten bevölkern.

5 *Pythagoras* (ca. 570–497 v. Chr.): griechischer Philosoph und Einge-weihter. Er war der geistige Führer der esoterischen Weisheitsschule in Croton (Süditalien). Von seiner Hand sind keine Schriften über-liefert. Er verkündigte die Lehre der Reinkarnation; später aber sprach man ihm die Lehre von der Seelenwanderung zu.

6 *Johann Wolfgang von Goethe* (1749–1832): deutscher Dichter und Naturforscher. Goethes Ansicht, daß es Reinkarnation gibt, kommt u.a. in seinem Gedicht *Gesang der Geister über den Wassern* zum Ausdruck:

Des Menschen Seele / Gleicht dem Wasser: / Vom Himmel kommt es, / Zum Himmel steigt es / Und wieder nieder / Zur Erde muß es / Ewig wechselnd.

7 *Jesuit:* Siehe Karel Douwen: *Het christendom op weg naar de 21ste eeuw,* Soest 1988 und R. Kranenborg en K. Douwen: *Tweegesprek over reïncarnatie en christendom,* Enschede 1986.

8 *christlich-gnostische Sekten:* In den ersten Jahrhunderten unserer Zeitrechnung gab es in den römischen und in den angrenzenden asiatischen Reichen geistige Strömungen, die man mit dem Namen Gnosis erfaßte. (Gnosis bedeutet Erkenntnis). Ihre Lehre beruhte auf spirituellen Überlieferungen aus früheren Zeiten, die aufgrund der Hellsichtigkeit ihrer Führer noch ein eindrucksvolles Wissen über Mensch und Welt umfaßten. Dieses Wissen war in bilderreichen, philosophischen Mythen enthalten. Es gab eine heidnische, jüdische und christliche Gnosis. Die römisch-katholische Kirche hat diese Strömungen scharf bekämpft und nahezu gänzlich ausgerottet.

9 *Johannes der Täufer als wiedergeborener Prophet Elias*: Matthäus 11, 14 und Markus 9, 12.

10 *Platon* (427–347 v. Chr.): griechischer Philosoph. Er gründete eine Weisheitsschule (Akademie) in Athen, die fast tausend Jahre bestand.

11 *Präexistenz:* Dasein des Menschen in geistigem Zustand vor der Konzeption.

12 *Aristoteles* (384–322 v. Chr.): griechischer Philosoph, Begründer der Logik und der abendländischen Wissenschaft. Er arbeitete u.a. in Athen.

13 *griechische Mysterien:* Mysterien waren einst Stätten, aus denen heraus eingeweihte Priester durch ihre Weisheit und ihr Wissen die Kultur impulsierten. Sie waren die Vermittler zwischen einer höheren, göttlichen Welt und den Menschen. Der Einfluß, der von den Mysterien in Eleusis in der Nähe von Athen ausging, war auch in der historischen Zeit noch sehr groß.

14 *Dante Alighieri* (1265–1321): italienischer Dichter, Philosoph und Staatsmann. Sein Hauptwerk *Die göttliche Komödie* schildert eine Wanderung, die der Dichter durch die Welten des Nachtodlichen (Hölle, Läuterungsberg und Himmel) macht.

15 *ein Musterbeispiel der Reinkarnation:* siehe Dante: *Divina Commedia,* Paradiso XX.

16 *Marcus Ulpius Trajanus* (53–117 n. Chr.): römischer Kaiser.

17 *Gregorius I:* Papst der römisch-katholischen Kirche von 590 bis 604.

18 *Francis Bacon* Baron Verulam (1561–1626): englischer Philosoph und Naturforscher, Begründer der modernen empirischen Wissenschaft.

19 *Hippolyte Taine* (1828–1893): französischer Philosoph, Historiker und Schriftsteller.

20 *Sufismus:* mystische Strömung in der mittelalterlichen islamitischen Welt. Anfänglich wurden die Anhänger als Ketzer angesehen.

21 *Chassidismus:* mystische Bewegung im Judentum. Der Chassidismus entstand durch das Auftreten eines außergewöhnlichen Rabbis, der Baal-Schem-Tov genannt wurde. Anhänger gab es vor allem in Polen, Rumänien und in der Ukraine. Siehe Martin Buber: *Die Erzählungen der Chassidim,* Zürich [12]1992.

22 *Kabbala:* esoterische Lehre innerhalb des Judentums, die wahrscheinlich bereits sehr alt war, ehe sie im 13. Jh. in Europa zu einiger Bekanntheit kam. Sie ist vor allem wegen ihrer sogenannten Zahlenmystik bekannt.

23 *Albigenser und Katharer:* Anhänger einer christlichen Sekte, die vornehmlich im 12. und 13. Jh. in Südfrankreich verbreitet war. Ihre Lehre zeigte, was die Rolle des Bösen in der Welt betrifft, stark manichäische Züge. Sie wurden von den weltlichen Fürsten und der Bürgerschaft der Städte unterstützt. Die Kirche in Rom rief zum Kreuzzug gegen diese Christen auf. Schließlich erlagen die Katharer und ihre Beschützer der Übermacht. Das Wort »Ketzer« ist von »Katharer« abgeleitet, was »der Reine« bedeutet.

24 *Inquisition:* kirchliches Gericht, das die Aufgabe hatte, in den katholischen Ländern nach Ketzern, Juden und Islamiten zu fahnden, sie für ihre Ketzerei zu strafen und sie dazu zu bewegen, ihrem Glauben abzuschwören. Diejenigen, die sich von ihrer Glaubensüberzeugung nicht lossagen wollten, wurden lebendig verbrannt.

25 *Tempelritter:* zu einem möglichen Wissen über Reinkarnation bei den Tempelrittern siehe W. F. Veltman: *Tempel und Gral,* Frankfurt 1993.

26 *Medici:* Seit der zweiten Hälfte des 15. Jh.s spielte die reiche Kaufmannsfamilie der Medici in kultureller und politischer Hinsicht eine dominante Rolle in der Stadt Florenz. Ihr Einfluß war in ganz Italien und auch darüber hinaus groß. Lorenzo di Medici (1449–1492) mit dem Beinamen »il Magnifico«, der Prächtige, war der Gründer einer Akademie, in der sich Künstler, Dichter und Philosophen trafen. Der Platonismus in humanistischem Stil erlebte hier eine große Blüte.

27 *Gotthold Ephraim Lessing* (1729–1781): deutscher Dichter und Philosoph, Repräsentant der Aufklärung im 18. Jh. Er schrieb *Die Erziehung des Menschengeschlechts* (1780).

28 *William Blake* (1757–1827): englischer Dichter und Graphiker. Seine Arbeit ist reich an Allegorien und visionärer Mystik.

29 *goetheanistische Naturwissenschaft:* Naturwissenschaft, die nicht der westlichen Strömung des Materialismus folgt, sondern durch ihre phänomenologische Methode imstande ist, das wissenschaftliche Objekt zu erforschen, ohne Natur und Geist voneinander zu trennen. Goethe war nicht der einzige, wohl aber der wichtigste Repräsentant dieser Richtung.

30 *Helena Petrowna Blavatsky* (1831–1891): Gründerin der Theosophischen Gesellschaft, Autorin von u.a. *Isis unveiled* (1877) *(Die entschleierte Isis)* und *The secret doctrine* (1888) *(Die Geheimlehre).*

31 *Charles Leadbeater* (1847–1934): einer der Leiter der Theosophischen Gesellschaft.

32 *mediale Begabung:* abgeleitet von Medium, eine Persönlichkeit, die in einem trance-ähnlichen Zustand Mitteilungen aus außerirdischen Welten überbringen kann.

33 *Hypnose* bedeutet wörtlich: Schlaf. Dieser Zustand wird meist von einem sogenannten Hypnotiseur bei einem Menschen herbeigeführt, der dadurch außerhalb seines normalen Ich-Bewußtseins suggestiv beeinflußbar wird.

34 *Richard Wagner* (1813–1883): deutscher Komponist von großen Musikdramen; hatte weitreichende Kenntnisse in Philosophie und Geschichte; schrieb, außer den Texten für seine Opern, wichtige Artikel und Essays.

35 *Parsifal,* ein Bühnenweihfestspiel: Wagners letztes großes Musikdrama. Es wurde 1882 fertiggestellt.

36 *Arthur Schopenhauer* (1788–1860): deutscher Philosoph, der erheblich dazu beigetragen hat, daß der Buddhismus in Europa bekannt wurde.

37 *Kundry-Figur:* In dem Parzifalepos von Wolfram von Eschenbach (13. Jh.) ist Kundry die Botin der Gralsburg. Sie ist eine merkwürdige, dämonisch anmutende Erscheinung. In Wagners *Parsifal* ist sie die ›Verführerin‹, die sich in der Macht des bösen Magiers Klingsor befindet. In Klingsors Dienst erprobt sie ihre Verführungskünste an Parsifal. Sie ist die Reinkarnation der Herodias, der teuflischen Königin von Judea.

38 *Ahasverus:* Nach gewissen Quellen war er der Henker Malchus, der den kreuztragenden Jesus durch die Straßen von Jerusalem hetzte; nach anderen Quellen war er ein jüdischer Schuhmacher, der Jesus von seinem Laden vertrieb, wo dieser, beladen mit dem schweren Kreuz, kurz ausruhen wollte. Daraufhin traf Ahasverus der Fluch, daß er nun selbst nie mehr irgendwo ausruhen kann oder darf. So entstand die Sage vom ›ewigen Juden‹, der nie stirbt, sondern ewig auf der Erde herumirren muß.

39 *Klingsor:* In den Gralsgeschichten ist er der mächtige Zauberer, der auf seinem Wunderschloß Hunderte von Edelfrauen gefangenhält. Er gilt als Erzfeind der Gralsritter. Sein Schloß stand auf Sizilien (Kaltabellota oder Kalot Bobot).

40 *Herodias:* Königin von Judea zu Christi Lebzeiten. Sie rächte sich an Johannes dem Täufer, der ihr düsteres Wesen heftig angegriffen hatte. Für ihre Rache benutzte sie ihre Tochter Salome. Letztere wußte König Herodes Antipas, den zweiten Gemahl der Herodias, dazu zu bewegen, Johannes den Täufer enthaupten zu lassen. Er erfüllte ihren Wunsch, nachdem sie einen besonders aufreizenden Tanz vorgeführt hatte. Salome brachte ihrer Mutter das blutige Haupt des Johannes in einer Schale. Später, während des Gerichtsverfahrens gegen Jesus, verhöhnte Herodias den gefangenen Heiland.

41 *Amfortas:* der leidende Gralskönig, auch Fischerkönig genannt. Er war dem Gral untreu geworden, weil er auf die Suche nach weltlicher Minne ausgezogen war. Dadurch konnte Klingsors Speer ihn am Unterleib verwunden. Die Wunde heilte nicht, solange Parzifal nicht die Frage nach dem Grund von Amfortas' Leiden gestellt hatte.

42 *Meditation:* innerliche, stark konzentrierte Versenkung in einen passenden Text oder eine Bilddarstellung. Die völlige Hingabe an den geistigen Inhalt, unter Ausschluß aller Vorstellungen und Gefühle, die sich nicht darauf beziehen, führt zu einer allmählichen Loslösung der Seele vom Körper und dadurch zu einer Erweiterung des Bewußtseins.

43 *in einer großen Anzahl Bücher und in Aufzeichnungen von Vorträgen:* Die Gesamtausgabe Rudolf Steiners umfaßt mehr als 350 Titel.

44 *Charles Darwin* (1809–1882): englischer Naturforscher, der in seinem Hauptwerk *On the origin of species by means of natural selection* (1859) *(Über die Entstehung der Arten)* eine Theorie über die Evolution von Mensch und Tier auf der Erde präsentierte. Sie ist als ›Abstammungslehre‹ bekannt geworden, weil sie darzulegen versucht, daß der Mensch vom Tier abstammt.

45 *Ernst Haeckel* (1834–1919): deutscher Naturforscher, der die darwinistische Evolutionslehre in Deutschland verbreitete und sie durch eigene Untersuchungen untermauerte und ausbreitete.

46 *Spiritismus:* Der im 19. Jh. auftretende Spiritismus wollte mittels medialer Personen in unmittelbaren Kontakt mit Geistern und Verstorbenen treten. Eine spiritistische Bewegung entstand, die bis heute aktiv ist. Seit einigen Jahren nimmt das Interesse daran wieder zu.

47 *Allan Kardec:* Pseudonym für Léon Denizard Rivail (1803–1869):

bekannter Spiritist; er schrieb *Le livre des esprits,* London, 1857 *(Das Buch der Geister,* Freiburg i. Br. 1987).

48  *Hans ten Dam:* niederländischer Regressionstherapeut, Autor eines Standardwerks auf diesem Gebiet: *Ring van Licht,* Amsterdam 1990.

49  *Eugène Auguste-Albert D'Aiglun de Rochas* (1837–1914) schrieb *Les vies successives* (1911), Paris 1924.

50  *magnetische Trance:* somnambuler Schlaf oder magnetische Trance, die mittels Magnetisierung hervorgerufen wird. Das geschieht meist durch streichende Bewegungen; wird als Heilmethode angewandt.

51  *Joan Grant* (*1907): englische Schriftstellerin, Therapeutin und Hellseherin, mit Dr. Denys Kelsey verheiratet. Schrieb unter anderem: *Sekhet-a-ra, Tochter des Pharao,* Tübingen 1977.

52  *Walter Johannes Stein* (1891–1957): einer der Pioniere der anthroposophischen Bewegung. Lehrer der ersten Freien Waldorfschule in Stuttgart, Autor von *Weltgeschichte im Lichte des Heiligen Gral, Das neunte Jahrhundert* (⁴1986) – eine hervorragende Arbeit über den Gral und das Parzifalepos von Wolfram von Eschenbach.

53  *Freie Waldorfschule:* von dem Fabrikdirektor Emil Molt gegründete Schule. Der Unterricht stützt sich auf die anthroposophischen Erkenntnisse über den Menschen und die Entwicklung des Kindes. Die Pädagogik Rudolf Steiners, die in der neu gegründeten Waldorfschule 1919 zum ersten Mal in die Praxis umgesetzt wurde, wird heute in Hunderten von Schulen in der ganzen Welt angewandt.

54  *The Present Age:* englische Monatszeitschrift, die von Walter Johannes Stein herausgegeben wurde. Die Hefte enthalten viele Artikel von seiner Hand. Der erste Jahrgang erschien 1936.

55  *Francisco de Almeida* (1450–1510): erster portugiesischer Unterkönig von Indien während der Regierung König Manuel I von Portugal. Siehe W. F. Veltman: *Tempel und Gral,* a.a.O.

56  *Louis Couperus* (1863–1923): niederländischer Schriftsteller.

57  *Jan Slauerhoff* (1898–1936): niederländischer Dichter und Prosaist. *Het verboden rijk,* Den Haag 1931 (*Das verbotene Reich,* Stuttgart 1986).

58  *Louis Camões* (1524/25–1580): portugiesischer Dichter. Sein Hauptwerk, *Os Lusiados,* ist ein historisch-mythologisches Epos über das portugiesische Volk.

59  *Shirley MacLaine:* amerikanische Filmschauspielerin und Autorin von Büchern im Sinne des »New Age«, u.a.: *Dancing in the light,* Toronto 1985 (*Tanz im Licht,* München 1986), *Don't fall of the mountain,* New York 1970 (*Raupe mit Schmetterlingsflügel,* München 1970).

60 *Arthur Guirdham:* englischer Psychiater, schrieb *The Cathars and Reincarnation,* London 1970.

61 *Christian Morgenstern* (1871–1914): deutscher Dichter; schrieb tiefsinnige Sprachgrotesken und tiefdurchgeistigte Gedichte; Aphorismen und Übersetzungen.

62 *diese zehn Punkte:* siehe Hans ten Dam: *Ring van Licht,* a.a.O., S. 354-355.

63 *gnostisch:* siehe Anmerkung 8.

64 *drei Ebenen ... Bewußtsein:* Rudolf Steiner behandelt in seinen Büchern und Vorträgen häufig diese drei höheren Bewußtseinszustände, die der Mensch durch Übung erreichen kann, z.B. in: *Die Stufen der höheren Erkenntnis* (1905–1908) GA 12.

65 Ingrid Vallieres, *Praxis der Reinkarnationstherapie, Konsequenzen und Reichweite,* Stuttgart 1994, S. 14f.

66 *Ich sterbe ... hineingezogen werde:* Thorwald Dethlefsen, *Schicksal als Chance, Das Urwissen zur Vollkommenheit des Menschen,* München 1979, S. 236f.

67 *elysiumähnlich:* In der griechischen Mythologie war das Elysium ein heller Aufenthaltsort der Seligen im Gegensatz zu der düsteren Unterwelt.

68 *Joel L. Whitton:* kanadischer Psychiater und Reggressionstherapeut. Er schrieb zusammen mit Joe Fischer: *Life between life,* New York 1986 (*Das Leben zwischen den Leben,* München 1989).

69 *Trance* ist ein besonderer Bewußtseinszustand (gegenüber dem normalen Wachbewußtsein ist es ein unbewußter Zustand), der bei Hypnose auftritt.

70 *Induktionsmethoden:* Hans ten Dam: *Ring van Licht,* a. a. O., S. 365f.

71 *magnetische ›Passes‹:* streichende Handbewegungen, die eine heilende Wirkung erzeugen sollen.

72 *Postulat:* gedankliche Konstruktion, unbewiesene und unbeweisbare Behauptung, Forderung.

73 *Metamorphose:* organische Umgestaltung. Man kann den Begriff »Metamorphose« auch zur Beschreibung psychischer Vorgänge verwenden.

74 *hierarchische Götterwesen:* die himmlischen Hierarchien, die neunfältige Ordnung der höheren geistigen Wesenheiten, von denen die Engel die niedrigsten und die Seraphim die höchsten sind.

75 *jungianisch:* nach dem schweizer Psychiater und Tiefenpsychologen C. G. Jung (1875–1961).

76 *Tiefenpsychologie:* Strömung innerhalb der Psychologie, die der Rolle des unterbewußten Seelenlebens den größten Raum gibt; führend

waren hierbei Sigmund Freud, Alfred Adler und Carl Gustav Jung.

77 *Psychoanalyse:* psychiatrische Behandlungsmethode, die den unterbewußten Ursachen von pathologischen Erscheinungen nachspürt.

78 *Bodhisattwas:* erhabene und für die Entwicklung tätige Mensch-
heitsführer, die sich viele Male auf der Erde inkarnieren, bis sie einen
Zustand der Vollkommenheit erreichen, der sie zum Buddha aufsteigen läßt. Ein Buddha besitzt eine solche geistige Erhabenheit, daß er
sich nicht mehr reinkarnieren muß.

79 Thorwald Dethlefsen: *Schicksal als Chance,* a.a.O., S. 242.

80 Ingrid Vallieres, *Praxis der Reinkarnationstherapie,* a.a.O., S. 59

81 *Buddha* lebte im 5. Jh. vor Christus. Seiner Lehre hängen seitdem
Millionen von Menschen besonders in Mittel- und Ostasien an.

82 *Luzifer:* Die Zeitschrift ging sehr bald mit der Zeitschrift *Gnosis*
zusammen und bekam den Titel *Luzifer-Gnosis.* Diese erschien von
1903 bis 1908.

83 Rudolf Steiner: *Theosophie, Einführung in übersinnliche Welterkenntnis und Menschenbestimmung* (1904), GA 9.

84 *Jean Baptiste Lamarck* (1744–1829): französischer Naturforscher,
der bereits von der Evolution im Tierreich sprach.

85 F. W. Zeylmans van Emmichoven: *Die menschliche Seele,* Basel 1953.

86 *Kausalkörper:* siehe z.B. Rudolf Steiner: *Die Theosophie des Rosen-
kreuzers* (München 1907), GA 99 und *Grundelemente der Esoterik*
(Berlin 1905), GA 93a.

87 Rudolf Steiner: *Die Offenbarungen des Karma* (Hamburg 1910),
GA 120.

88 Rudolf Steiner: *Esoterische Betrachtungen karmischer Zusammenhänge,* Teil I bis VI (verschiedene Orte 1924) GA 235 bis 240.

89 *Äther- oder Lebenskräfte:* Siehe Rudolf Steiner: *Theosophie, Einführung in übersinnliche Welterkenntnis und Menschenbestimmung*
(1904), GA 9; und Ernst Marti: *Die vier Äther,* Stuttgart 1979.

90 Rudolf Steiner: *Die Schwelle der geistigen Welt* (1913), GA 17.

91 Rudolf Steiner: *Esoterische Betrachtungen karmischer Zusammenhänge,* Teil II (Dornach 1924), GA 236.

92 Ingrid Vallieres, *Praxis der Reinkarnationstherapie,* a.a.O., S. 15ff.

93 Siehe das Kapitel »Von dem Erkennen der geistigen Welten« in: Rudolf Steiner, *Die Schwelle der geistigen Welt* (1913), GA 17.

94 Siehe J. W. Goethe: *Faust II,* Schlußchor.

95 Rudolf Steiner: *Vier Mysteriendramen* (1910–1913), GA 14. Rudolf
Steiner schrieb in den Jahren 1910, 1911, 1912 und 1913 vier Dramen
(*Die Pforte der Einweihung, Die Prüfung der Seele, Der Hüter der
Schwelle* und *Der Seelen Erwachen*), die in München in denselben Jah-

ren zum ersten Mal aufgeführt wurden. Sie bilden ein zusammenhängendes Ganzes und stellen das Schicksalsgeschehen von Menschen unserer Zeit dar, die Wege suchen, um in höhere Welten vorzudringen.

96 Rudolf Steiner, *Menschenwesen, Menschenschicksal und Welt-Entwicklung* (Oslo 1923), GA 226.

97 Rudolf Steiner, *Der übersinnliche Mensch, anthroposophisch erfaßt* (Den Haag 1923), GA 231.

98 Rudolf Steiner, *Das Leben zwischen dem Tode und der neuen Geburt im Verhältnis zu den kosmischen Tatsachen* (Berlin 1912/13), GA 141.

99 *Urquell*: siehe Goethes *Faust I*, Prolog im Himmel: *»Der Herr:* ... Zieh diesen Geist von seinem Urquell ab.«

100 *das kopernikanische System:* nach Kopernikus (1473–1543) steht die Sonne in der Mitte unseres Sonnensystems still, und die Erde und die anderen Planeten bewegen sich um sie herum.

101 *Ptolemäus* (ca. 85–165 n. Chr.): griechischer Astronom in Alexandria (Ägypten). Nach seinem Weltsystem steht die Erde in der Mitte still, und die Sonne und die anderen Planeten kreisen um sie herum.

102 *Urlehrer:* siehe Rudolf Steiner, Vortrag vom 11.5.1924 in: *Esoterische Betrachtungen karmischer Zusammenhänge*, Teil II (Dornach 1924), GA 236.

103 *Der Mond ... ausgetreten:* siehe das Kapitel »Die Weltentwicklung und der Mensch« in: Rudolf Steiner, *Die Geheimwissenschaft im Umriß* (1910), GA 13.

104 *Mysterienzentren:* siehe Anmerkung 13.

105 *Bardo:* im tibetischen Totenbuch Zwischenzustand nach dem Tod.

106 *Dionysius Areopagita:* Schüler und Freund des Apostel Paulus. Er war der Leiter der esoterisch-christlichen Schule in Athen, wo u.a. über die himmlischen Engelhierarchien gesprochen wurde.

107 *Devachan:* Sanskrit für höhere Gebiete der geistigen Welten. Steiner benützt diesen Ausdruck in Anlehnung an die theosophische Literatur.

108 *Ossip Zadkine* (1890–1967): französisch-russischer Bildhauer, mit den Kubisten verwandt.

109 *Johann Sebastian Bach* (1685–1750): deutscher Musiker und Komponist; Thomaskantor in Leipzig.

110 Karl Muller: *Reincarnation based on facts,* London 1970.

111 *Voltaire:* Pseudonym für François Arouet (1694–1778), französischer Schriftsteller und Philosoph.

112 *Victor Hugo* (1802–1885): französischer Dichter und Staatsmann.

113 *Friedrich Schiller* (1759–1805): deutscher Dichter des Sturm und Drang und der Klassik.

114 *Victor Hugo ... der Jupitersphäre:* siehe die Beispiele von Voltaire, Friedrich Schiller und Goethe in Rudolf Steiners Vorträgen vom 9. und 10.6.1924 in: *Esoterische Betrachtungen karmischer Zusammenhänge,* Teil V (Prag, Paris und Breslau 1924), GA 239.

115 *Johannes Kepler* (1571–1630): deutscher Astronom.

116 *fand ... einen Schafsschädel:* siehe J. W. Goethe: *Annalen oder Tag- und Jahreshefte,* 1790.

117 L. F. C. Mees (1901–1990): *Das menschliche Skelett, Form und Metamorphose,* Stuttgart 1981.

118 *physiognomisch:* Die Lehre von der Physiognomie lehrt, daß die äußere Erscheinung das Wesen ausdrückt; sie wird angewandt, um aus den Gesichtszügen eines Menschen auf seinen Charakter zu schließen.

119 Rudolf Steiner, Vortrag vom 17.11.1923 abends, in: *Der übersinnliche Mensch, anthroposophisch erfaßt* (Den Haag 1923), GA 231.

120 Rudolf Steiner, Vortrag vom 30.3.1924, in: *Esoterische Betrachtungen karmischer Zusammenhänge,* Teil V (Prag, Paris und Breslau 1924), GA 239.

121 Die Beispiele von Lord Byron und Eugen Dühring sind zu finden in Rudolf Steiners Vorträgen vom 8. und 22.3.1924 in: *Esoterische Betrachtungen karmischer Zusammenhänge,* Teil I (Dornach 1924), GA 235.

122 *George Gordon Lord Byron* (1788–1824): englischer Dichter der Romantik.

123 *Palladium:* Kultbild der Göttin Pallas Athene, das sich ursprünglich in Troja befand. Es wurde von Aeneas nach Italien gebracht und wurde zur geheimen Kraftquelle der römischen Weltmacht. Konstantin der Große ließ das Palladium aus Rom wegschaffen und nach Konstantinopel bringen.

124 *Eugen Dühring* (1833–1921): deutscher Philosoph.

125 Die Beispiele sind ebenfalls in dem Buch, das unter 121 genannt wird, zu finden.

126 Joan Grant und Denys Kelsey: *Many Lifetimes,* New York 1967.

127 Ingrid Vallieres, *Praxis der Reinkarnationstherapie,* a.a.O., S. 28f.

128 *Mysteriendramen:* siehe Anmerkung 95.

129 *Du sahst ... zurückverlegtest:* aus dem zweiten Mysteriendrama, *Die Prüfung der Seele,* 11. Bild (siehe Anmerkung 95).

130 Rudolf Steiner, *Die Offenbarungen des Karma* (Hamburg 1910), GA 120.

131 *Neurosen oder neurasthenische Symptome:* Neurosen werden als Störungen des Nervensystems betrachtet, die auf psychischen Ursa-

chen beruhen. Neurasthenie: psychische Schwäche, abnormale Reizbarkeit des Nervensystems.

132 Im ganzen Werk Rudolf Steiners sind Anschauungen über Herkunft und Wirkung des Bösen zu finden. Siehe unter anderem das Kapitel »Die Weltentwicklung und der Mensch« in: Rudolf Steiner, *Die Geheimwissenschaft im Umriß* (1910), GA 13.

133 *Allopathie:* Heilmethode, in der man mit Medikamenten arbeitet, die den Krankheiten stark entgegenwirken, im Gegensatz zur Homöopathie, bei der die Heilmittel in bestimmter Hinsicht als die Krankheit ›begleitend‹ bezeichnet werden können.

134 *Pestepidemien:* siehe u.a. Rudolf Steiner, *Theosophische Moral,* in: *Christus und die menschliche Seele* (Norrköping 1912), GA 155.

135 *Homunkulus:* künstlich fabriziertes ›Menschlein‹, das J. W. Goethe im *Faust* auftreten läßt.

136 Rudolf Steiner: *Wiederverkörperung und Karma* (Berlin 1912), GA 135.

137 Rudolf Steiner: Vorträge vom 4. und 9.5.1924, in: *Esoterische Betrachtungen karmischer Zusammenhänge,* Teil II (Dornach 1924), GA 236.

138 Siehe Anmerkung 137, Vortrag vom 4.5.1924.

139 Siehe Anmerkung 137, Vortrag vom 9.5.1924.

140 *kanonische Schriften:* die von der Kirche offiziell anerkannten Bibeltexte im Gegensatz zu den apokryphen Büchern, die nicht in die Bibel aufgenommen sind.

141 *der wiedergeborene Prophet Elias:* siehe Anmerkung 9.

142 Siehe Rudolf Steiners Vortrag vom 15.7.1914, in: *Christus und die menschliche Seele* (Kopenhagen und Norrköping, 1912 und 1914), GA 155.

143 *Lamm Gottes, das der Welt Sünde auf sich nimmt:* Vor allem in der *Offenbarung des Johannes* finden wir das Opferlamm als Bild für Jesus Christus.

144 *Rembrandt malte ... »Das Aufrichten des Kreuzes«:* Das betreffende Gemälde ist eins von sechs Gemälden, die das Thema »Kreuzigung und Auferstehung« haben. Rembrandt malte sie 1635 im Auftrag des Statthalters Prinz Frederik Hendrik. Sie befinden sich zur Zeit in München.

145 *Akasha:* geistige Sphäre, in der das ganze kosmische und irdische Weltgeschehen wie in einer riesigen, lebendigen Chronik aufbewahrt wird.

146 *apokalyptisch:* den Charakter der *Apokalypse* oder der *Offenbarung des Johannes* tragend, in der das Weltenende beschrieben wird.

Emil Bock

# Wiederholte Erdenleben

*Die Wiederverkörperungsidee in der deutschen Geistesgeschichte*
240 Seiten, Leinen mit Schutzumschlag

Diese Sammlung von Zeugnissen der Wiederverkörperungsidee in der deutschen Geistesgeschichte dokumentiert die eigene europäische Tradition des Reinkarnationsgedankens im Gegensatz zur Vorstellung der Seelenwanderung im indischen Kulturraum. Emil Bock zitiert und erläutert Äußerungen von etwa 150 Persönlichkeiten von Lessing, Herder, Goethe, Lichtenberg über Fichte, Hegel, Schleiermacher, Novalis bis zu Richard Wagner, Schliemann, Nietzsche, Rilke und Carossa.

Durch die Fülle der aufschlußreichen Zitate wird die Geschichte einer Idee sichtbar, die von vielen Menschen, wenn auch mehr im verborgenen, als wahr und damit als Gegengewicht zur üblichen Ideologie von Vererbung und Milieu erlebt wurde. Emil Bocks Sammlung beleuchtet ein wichtiges, bisher fast unbeachtet gebliebenes Thema der neueren Geistesgeschichte

VERLAG URACHHAUS

Frits Hendrik Julius

# Die zwölf Triebe in Tier und Mensch

*Eine kosmisch orientierte Triebpsychologie*
336 Seiten, kartoniert

Frits H. Julius wirft neues Licht auf das menschliche und tierische
Triebleben. Im Gegensatz zu Freud unterscheidet er zwölf grundlegende Triebkräfte, die er zunächst an anschaulichen Beispielen
aus der Tierwelt erläutert. Bestimmte Tierarten leben bestimmte
Triebe aus. In ihnen spiegelt sich eine höhere Dynamik: die der
Weltkräfte, wie sie die zwölf Tierkreiszeichen widerspiegeln. Es
zeigt sich, daß eindeutige Beziehungen zwischen bestimmten Tierarten und den Tierkreiskräften bestehen. Während die zwölf Triebe im Tierreich auf viele Arten verteilt sind, trägt jeder Mensch auf
individuelle Weise ihr ganzes Zwölferspektrum in sich. Anders als
das Tier jedoch kann er die in ihm veranlagten Triebe in bestimmte
Richtungen entwickeln und verwandeln.

   Dieser Ansatz führt zu einer neuen und anregenden Sicht auf
unsere Umwelt. Zugleich bildet er einen wichtigen Schlüssel zum
Verständnis unserer Mitmenschen.

*Aus dem Inhalt:*

Der Mensch und das Bauwerk der Natur
Weltbild und Verhalten bei Mensch und Tier
Die zwölf Triebe
Verhalten und Sonnenkonstellation
Die Wirkung der Triebe im Menschen
Vom geistigen Ursprung und der Bestimmung
der Triebe

# VERLAG URACHHAUS

# Tod und Unsterblichkeit

*Texte aus Philosophie, Theologie und Dichtung*
*vom Mittelalter bis zur Gegenwart*
Herausgegeben von Erich und Annemarie Ruprecht

Diese dreibändige Sammlung mit Texten aus Philosophie, Theologie und Dichtung vom Mittelalter bis zur Gegenwart dokumentiert ein zentrales Kapitel der deutschen Geistesgeschichte: die mehr als sieben Jahrhunderte umfassende Auseinandersetzung mit der Frage nach Tod und Unsterblichkeit, die seit 2000 Jahren den Kern abendländischer Philosophie, Theologie und Dichtung bildet.

Band 1:
## Von der Mystik des Mittelalters bis zur Aufklärung
498 Seiten, Leinen

Band 2:
## Goethezeit und Romantik
528 Seiten, Leinen

Band 3:
## Vom Realismus bis zur Gegenwart
689 Seiten, Leinen

»Umfangreich, frei von Polemik in den kommentierenden Passagen, gründlich gearbeitet und leserfreundlich gedruckt, verdienen die drei Bände Aufmerksamkeit.«
*Börsenblatt des deutschen Buchhandels*

# VERLAG URACHHAUS